CRÍMENES SIN RESOLVER

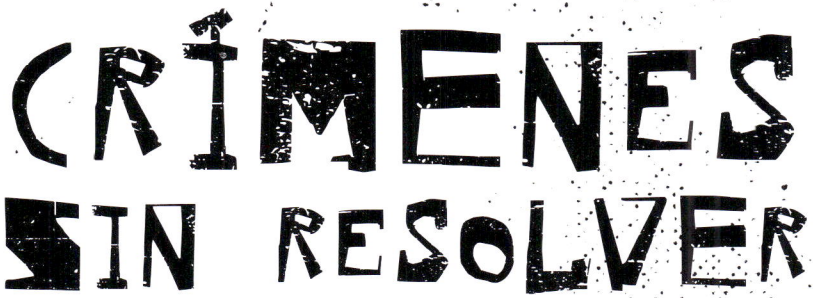

CRÍMENES SIN RESOLVER

ALBERTO JIMÉNEZ GARCÍA

LIBSA

© 2024, Editorial LIBSA
C/ Puerto de Navacerrada, 88
28935 Móstoles. Madrid
Tel. (34) 91 657 25 80
e-mail: libsa@libsa.es
www.libsa.es

ISBN: 978-84-662-4327-8

Textos: Alberto Jiménez García
Ilustración: Shutterstock images y GettyStock / Archivo Libsa
Edición: equipo editorial LIBSA
Maquetación: Alberto Jiménez García
Diseño de cubierta: equipo de diseño LIBSA

DL: M-32 887-2023

CONTENIDO

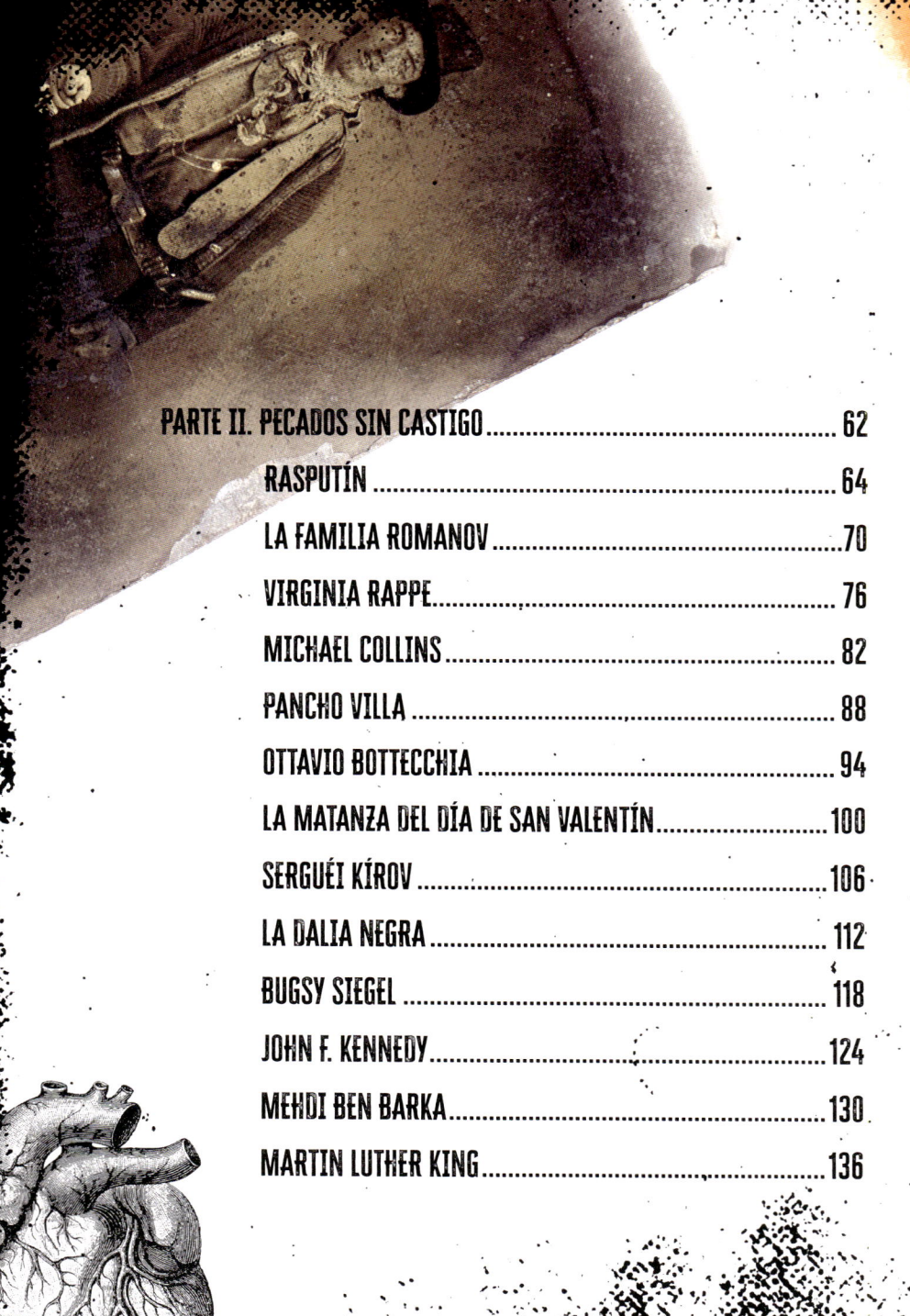

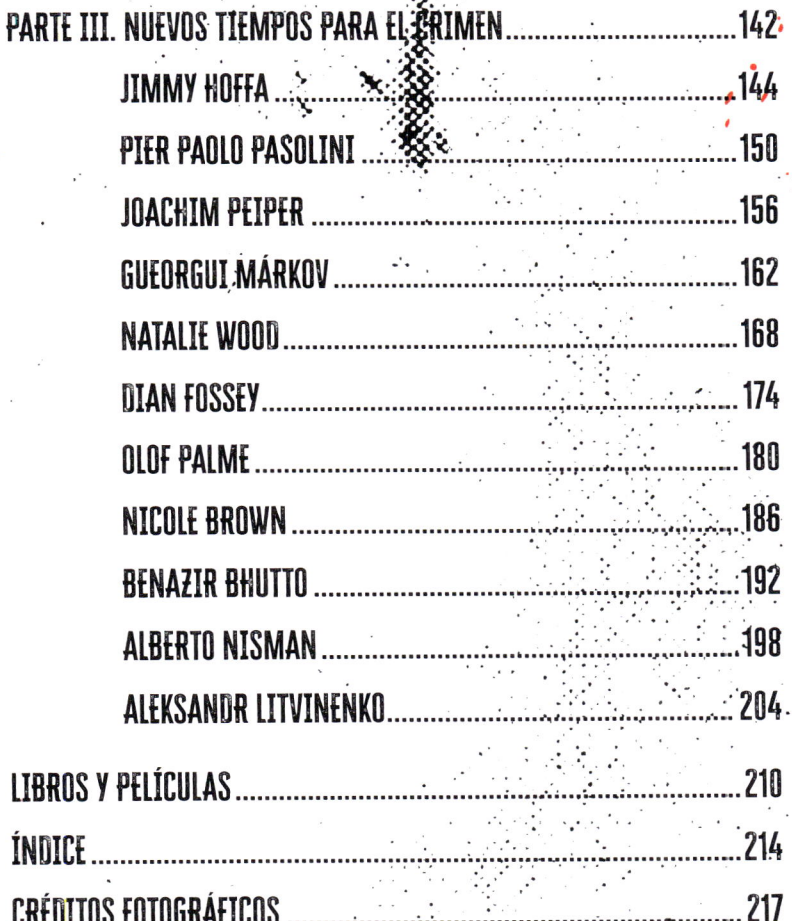

PALS

TOM.
O'FOLLIARD
DIED DEC 1880

WILLIAM H.
BONNEY
ALIAS
"BILLY THE K"
DIED JULY 18

CHARLIE BOWDRE
DIED DEC 1880

PRESENTACIÓN

EN EL PRESENTE libro no vamos a aportar pruebas reveladoras de crímenes hasta hoy no resueltos. Ni podemos ni queremos enmendarle la plana a jueces y policías: cada zapatero, a sus zapatos. Los que aquí calzamos son los del curioso, los del ratón de la historia, no exento de cierto morbo por el lado oscuro de la conducta humana. No se nos ocurre peor acto que el de arrebatar al otro lo más sagrado, lo único sin lo que no podemos vivir: la vida misma. Por esa razón, en la mayoría de las ocasiones, nos resulta inexplicable, incluso llega a aterrarnos. Y eso, ay, nos atrae. Al menos, lo suficiente para leer sobre ello en un libro.

Según para quién, esta lectura podría ser un buen sustitutivo.

Que no se nos arredren las mentes más biempensantes. Querer saber más sobre el crimen no nos acerca a él. Sin embargo, si decíamos que lo inexplicable nos atrae, qué decir de los crímenes no explicados, no resueltos: doble impacto, atracción al cuadrado. Un acertijo, envuelto en un misterio, dentro de un enigma, que diría Winston Churchill. Aquí nos acercamos a 30 de ellos. Vayamos por partes (y en este caso, sin pretender citar a ningún destripador).

En nuestro periplo cronológico por estos asesinatos irresolutos, dedicamos una primera parte a una serie de **CRÍMENES AÑEJOS**. O tampoco tan viejos, pero sí lo suficiente como para que la ciencia apenas entrase a opinar. Empezamos con JUAN BORGIA, eminente hijo de un papa, de ilustre apellido, al que asociamos con el poder... y que nos recuerda los peligros inherentes al mismo, en especial en el siglo XV.

Una centuria después vivió CHRISTOPHER MARLOWE, una de las cumbres de las letras inglesas de siempre. Contemporáneo de Shakespeare, su muerte sigue en terreno brumoso, tanto como para que algunos quieran confundirlo con el mismísimo bardo autor de *Hamlet*. A mediados del XIX mataron a un pobre hombre, casi un juguete roto de la sociedad bávara de entonces, el joven KASPAR HAUSER, quien llegó de la nada y vivió varias vidas en una sola. Quizá el nombre de RYOMA SAKAMOTO no suene mucho en Occidente, pero es una de las figuras esenciales y más queridas en el Japón moderno. ¿Quién y por qué mataron a alguien que había hecho tanto por su patria? Algo parecido se puede decir de JUAN PRIM, eminente militar y político español, presidente del país en el momento de su muerte, quien nos recuerda que, en lo más alto, se hacen más enemigos que amigos. Y cerraremos este capítulo con la muerte de BILLY EL NIÑO, figura icónica del oeste americano, a quien mató Pat Garrett, sí; pero ¿realmente lo mató?

Nos adentraremos en el tortuoso siglo XX en la segunda parte, **PECADOS SIN CASTIGO**. Época de personajes igualmente convulsos, como nuestro monje loco favorito, GRIGORI RASPUTÍN: el hombre que llegó de Siberia y casi controló al Imperio Ruso, cuya violenta muerte sigue estremeciendo y fascinando. Sus protectores fueron los ROMANOV, la dinastía que gobernaba Rusia desde hacía tres siglos, y que correrían igual suerte unos meses después. Su asesinato a sangre fría se ha resuelto, en parte, recientemente, y aún levanta polémicas en Rusia.

Con el de VIRGINIA RAPPE inauguramos un tipo de crimen propio del siglo XX: el crimen mediático, más escandaloso por el tratamiento de la prensa que por el crimen en sí. ¿Acaso la mató realmente Fatty Arbuckle, el actor más taquillero de la época? ¿Era más importante la verdad o vender periódicos? MICHAEL COLLINS era –y es– uno de los personajes más relevantes de la independencia irlandesa, que tanta sangre costó y, sin embargo, los propios irlandeses lo mataron: son las cosas de las guerras civiles. También político, también militar y también muerto por compatriotas enfrentados: es el caso de PANCHO VILLA, a quien mataron mientras gritaba aquello de «¡Viva México, cabrones!».

Otro héroe nacional, pero de diferente calado, era OTTAVIO BOTTECCHIA. Este italiano, doble ganador del Tour de Francia, apareció mortalmente herido en una cuneta, sin que nadie supiera explicar quién lo hizo y por qué. En el imaginario de los crímenes sin resolver, aparece en la cima el de la MATANZA DEL DÍA DE SAN VALENTÍN, tanto por las formas, el número y las películas que han tocado el tema, como por el sospechoso público número uno, Al Capone. Al otro lado del telón, y del mundo, estaba SERGUÉI KÍROV, dirigente de la revolucionaria URSS, a quien no le sirvió ser íntimo de Stalin para salvarse de ser asesinado. ¿O acaso era ese *realmente* su problema? De vuelta a Estados Unidos, otra aspirante a actriz cuyo sueño acabó partido, como ella. A Elizabert Short la conocieron como LA DALIA NEGRA y su crimen ha dado lustre a libros y películas. Sin movernos de Norteamérica llegamos hasta BUGSY SIEGEL, un mafioso de altura, envalentonado, provocador, tan paradigmático que parecía una caricatura de las peores virtudes del hampa. Acabó con una bala en el ojo, una muerte muy del sector.

Bien, hemos llegado al crimen-sin-resolver-por-antonomasia. El que más ríos de tinta (¿y de lágrimas?) ha generado, aquel sobre el que todos hemos visto y leído: el de JOHN F. KENNEDY, nada menos que el 35º presidente de Estados Unidos: una gran superproducción, con éxito de público y crítica. Algo más modesta en medios, pero igual de intrincada, es la desaparición de MEHDI BEN BARKA, opositor marroquí que, como todo aquel que se enfrente al poder establecido, era una pieza de caza mayor. Su cuerpo nunca se encontró. Y de los productores estadounidenses de grandes-magnicidios-sin-resolver llega otro gran clásico de la época, el asesinato de MARTIN LUTHER KING, un hombre a quien un desalmado convirtió en mártir de los derechos humanos. Lo que no queda claro es quién fue el desalmado.

Según avanzamos en el siglo XX, la ciencia va teniendo una mayor presencia en la resolución de los crímenes. Los avances en genética y los análisis de ADN se lo ponen más difícil a los asesinos, aunque en este aspecto, la inventiva humana sea infinita. Son **NUEVOS TIEMPOS PARA EL CRIMEN**. Y es cierto que, en muchos casos, la ciencia tiene poco que aportar. Es el caso de la desaparición del líder sindicalista estadounidense JIMMY HOFFA, que un buen día no volvió a casa... y hasta la fecha. Nadie dudó, sin embargo, que alguien le dio pasaporte al otro mundo. En el otro lado del espectro tenemos a PIER PAOLO PASOLINI, cuyo cadáver estaba cubierto de salvajes atrocidades; pero antes que la ciencia han de actuar las autoridades, y las que estaban al cargo no parecieron actuar con la diligencia oportuna.

Con JOACHIM PEIPER tocamos un asunto especialmente escabroso: el del asesinato –o eso pareció– de un criminal de guerra nazi. Había cumplido con la justicia, pero, para unos cuantos, no era suficiente. ¿Justifica eso un linchamiento? Con el búlgaro GUEORGUI MÁRKOV, el criminal –eso parece– es un Estado. No es el único ejemplo que habita en nuestras páginas, pero desde luego que sí el más... ¿estrambótico? Utilizar un dardo escondido en un paraguas resulta más propio de las películas de espías que de la realidad. Sin embargo, hemos aprendido que la realidad es una excelente guionista. NATALIE WOOD era una de las grandes estrellas de Hollywood. La encontraron ahogada en una playa en las aguas templadas del Pacífico. También flotaban en el ambiente celos, alcohol y un marido despechado.

Las diferentes autopsias no se han puesto de acuerdo desde entonces.

Cuando mataron a machetazos a DIAN FOSSEY, no solo acabaron con la vida de una primatóloga única. Aquello fue toda una amenaza contra la vida de los gorilas que ella tanto protegió. Fue una muerte atroz, pero que, a la larga, ha fortalecido la causa por la que ella puso en riesgo su propia vida. OLOF PALME sigue siendo hoy uno de los políticos que mejor recuerdo ha dejado. Lo asesinaron, probablemente por defender unos dignos ideales que lo llevaron a transitar por charcos incómodos. En Suecia se pueden seguir encontrando varias teorías sobre su muerte.

El siguiente crimen se llevó por delante la vida de NICOLE BROWN, pero todo el mundo lo conoció como el caso de O. J. Simpson. Un suceso en el que las pruebas científicas quedaron en segundo plano, relegadas por la presión social. Puede que, este sí, haya sido el caso judicial más mediático de toda la historia. Con BENAZIR BHUTTO topamos con una política que lideró el Gobierno, por primera vez, de un país musulmán democrático. Regresó a Pakistán para volver a presentarse a las elecciones y darle un nuevo impulso al país, pero sus enemigos decidieron que mejor no darle una nueva oportunidad. Un pistolero que luego se inmoló con una bomba se encargó de ello. Vemos que no hay nada que le incomode más al poder que una revolución en ciernes, sea grande o pequeña. La que anunciaba el fiscal argentino ALBERTO NISMAN era de alto calado simbólico. Pretendía procesar a la presidenta de su país por encubrir el mayor atentado cometido en la historia de Sudamérica. Como nos podemos imaginar, no llegó a hacerlo. ¿Se suicidó o lo suicidaron? Hay razones de peso para ambas opiniones. Y acabaremos con (que no *como*) ALEKSANDR LITVINENKO: envenenado con una sustancia radiactiva que nadie se había atrevido a emplear hasta entonces, presa de dolores lacerantes infligidos –según las pruebas– por unos excompañeros espías de la KGB rusa. Él mismo estuvo en dicha agencia y criticó al Gobierno ruso. ¡A quién se le ocurre, sabiendo el sentido del humor del Kremlin!

Esperamos que los lectores disfruten de este recorrido por los rincones oscuros del crimen. Podemos asegurar que continuarán llegando más casos. Pese a que la ciencia avance a pasos agigantados, matar sigue siendo un acto íntimo y discreto, a poco que uno se esfuerce.

INTRODUCCIÓN

MATAR NO ES fácil, dicen los que saben. Y hay que respetar la palabra de los profesionales. En su película *Cortina rasgada* (1966), Alfred Hitchcock filmó una escena de asesinato de gran dureza, muy física, sin una sola nota de música: «Quería mostrar lo difícil que es acabar con la vida de una persona», se justificó el maestro inglés.

Nos vamos al mundo real. «Es increíble lo que tarda en morir un idiota». Así se expresaba en su diario el autor de uno de los más horrendos crímenes que se recuerdan en la España de finales de siglo XX, que mató por seguir la lógica –una suya– de un juego de rol. No damos más nombres, por el pudor que no tuvo el asesino con su víctima.

Son solo dos pinceladas, bien distintas, para ilustrar de alguna manera que matar es el epítome de un acto *físico*, carnal, que deja huella. No se escapa así como así del asesinato, resulta difícil no mancharse. Porque el crimen *mancha* y no solo de sangre. En nuestro cuerpo habitan todo tipo de fluidos, prestos a desparramarse en cuanto se les ofrece una escapatoria. Eso por no hablar de nuestras faneras, tan chivatas ellas, las estructuras que sobresalen de la piel: pelos y uñas en los humanos. «Fanera» viene del griego φανερός *phanerós* «visible», y es cierto que nos distinguen, pero quizá en demasía si se pretende salir airoso de esto del crimen: dejan nuestra firma en la escena sin previo aviso, a traición.

De las máculas mentales que deja el matar no hablamos, por falta de pruebas, o de experiencia.

Sobre la práctica del asesinato se ha hablado mucho en las aulas universitarias donde se imparte Criminología y Psicología. Pero, desde nuestro punto de vista, es obligatoria la lectura más *humanista* de *Del asesinato considerado como una de las bellas artes*. Se habrán escrito mejores textos sobre el asesinato que este, pero no sabemos dónde encontrarlos. Su autor es Thomas de Quincey (1785-1859), periodista inglés que nos dejó advertencias impagables sobre el crimen, como esta: «Si uno empieza por permitirse un asesinato pronto no le da importancia a robar,

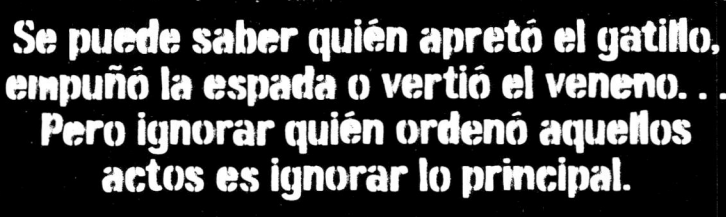

Se puede saber quién apretó el gatillo, empuñó la espada o vertió el veneno... Pero ignorar quién ordenó aquellos actos es ignorar lo principal.

del robo pasa a la bebida y a la inobservancia del día del Señor, y se acaba por faltar a la buena educación y por dejar las cosas para el día siguiente». Quedamos avisados. Gracias a él, cualquiera con inclinación al mal recibirá consejos tan útiles como, por ejemplo, que «el sujeto elegido (para ser asesinado) debe gozar de buena salud».

En cualquier caso, lo que hasta aquí nos ha traído son los crímenes irresolutos y malintencionados. Matar sin ton ni son y salir indemne carece de grandes méritos, diría De Quincey. Si alguien circula en coche por una carretera secundaria, se detiene a contemplar el paisaje, arma su rifle de mira telescópica –siempre que haya tenido la prudencia de llevarlo en el maletero– y mata desde lejos a un piadoso peregrino y se larga sin dejar rastro, su detención resultará difícil. Por esa misma razón, los asesinos en serie son difíciles de rastrear, por la falta de relación entre asesino y víctima. Sin embargo, en la mayoría de los casos que vamos a visitar, el finado es alguien con una posición en el mundo, en general de prestigio o relevancia: quien lo mata suele guardar una razón, ya sea íntima o pública.

Alfred Hitchcock (con pajarita), maestro del crimen en el cine.

Para que un asesinato quede resuelto, el culpable ha de minimizar sus rastros, deshacerse de cualquier prueba que lo pueda incriminar y cuidar hasta el último detalle para que, aunque en algún momento se sospeche de él, nada se pueda probar. Sin embargo, para que un crimen esté realmente resuelto no sirve, tan solo, identificar al criminal. Se puede saber quién apretó el gatillo, empuñó la espada o vertió el veneno... Pero ignorar quién ordenó aquellos actos es ignorar lo principal.

CUANDO FALTA EL AUTOR INTELECTUAL

En este libro encontraremos varios casos que encajan bajo este epígrafe. Nos hemos centrado en asesinatos de personajes más o menos relevantes –sin que sea este un volumen dedicado a magnicidios–, que han sido eliminados con una intención. Por ejemplo, la justicia británica determinó en 2016 la prácticamente absoluta certeza –a falta de que los acusados se presentasen a un juicio– de que los asesinos del disidente Aleksandr Litvinenko eran dos antiguos compañeros en la KGB, Andréi Lugovói y Dmitri Kovtun, con quienes compartió mesa en el día de su envenenamiento. Nunca está de más esa información, extraída tras una minuciosa reconstrucción. Sin embargo, esos dos personajes no tenían nada personal contra su excompañero. No pusieron unas gotas del letal polonio-210 en la taza de Litvinenko por una venganza personal o por un repentino impulso justiciero (esa excusa ya la tenía monopolizada, años antes, Jack Ruby, el asesino de Lee Harvey Oswald). El quid de la cuestión era determinar quién les había encargado ese objetivo y los medios (el polonio-210, como veremos más adelante, es un compuesto radiactivo que solo el Estado ruso fabrica en todo el planeta).

El trazado del polonio no dejaba dudas, Lugovói y Kovtun echaron el veneno en el té, Litvinenko murió en un trama impulsada por los servicios secretos rusos. El móvil también parecía claro: tan simple como acabar con la vida de alguien considerado un traidor al Estado. Sin embargo, se sigue considerando esta muerte como un *asesinato sin resolver* porque no existe la certeza documentada –tan solo la lógica y cierta experiencia– de que fuese el presidente ruso quien diera la orden. Y es posible que permanezca así para siempre; o, al menos, hasta que en un siglo venidero algún historiador encuentre un papel que documente el vínculo.

Siempre cabe, además, que resulte imposible entablar *fehacientemente* dicha relación. Los servicios secretos de cualquier país trabajan... secretamente. Se opera en la sombra, se hacen planes para agradar a quienes mandan o al difuso interés general del país. Y luego se presentan a las altas esferas, pasan un par de filtros –algún alto funcionario acostumbrado a callar secretos, es de esperar–, se imprime una copia, llega a quien tiene la última palabra y este, con una leve inclinación de cabeza, deniega o sentencia. Con suerte, podría quedar la copia –sin firma– en algún archivo oscuro.

CUANDO FALTA EL MÓVIL

Volvamos a Hitchcock (siempre conviene volver a Hitchcock). O, en realidad, a Patricia Highsmith, otra maestra del crimen ficcional. En la película de aquel (*Extraños en un tren*, 1951) que adaptó el libro de esta, dos desconocidos se encuentran en un vagón y acaban por confesar a quién querrían tener fuera de sus vidas. Y de la de todos, por la expeditiva solución

CUANDO LA VERDAD OFICIAL NO ES SUFICIENTE

El de Jamal Khashoggi es un paradigma de asesinato con resolución policial y judicial… pero que entra de lleno en el apartado de casos sin resolver. Khashoggi era un periodista saudí, crítico con el régimen político que administra el país, una monarquía absoluta comandada por la familia bin Salman. En periódicos norteamericanos firmaba artículos en los que incluía frases como «Las mujeres hoy deberían tener los mismos derechos que los hombres. Y todos los ciudadanos deberían tener el derecho a decir lo que piensan sin temor a ser encarcelados», auténticas herejías para el Gobierno saudí.

Khashoggi, en Arabia Saudita en 2011.

El 2 octubre de 2018, Khashoggi acudió al consulado saudí en Estambul a recoger unos papeles para su boda. Se le vio entrar, pero nunca salió con vida. Dos horas después, alguien que se le parecía (y llevaba su misma ropa) aparecía por la puerta trasera, pero la investigación posterior determinó que era un señuelo para desvincular su desaparición del consulado.

Turquía -que tenía vigilado el edificio- ofreció unos audios en los que se podía oír cómo una serie de agentes saudíes capturaban, torturaban y despedazaban a Khashoggi. El revuelo internacional fue enorme. Arabia Saudí empezó negando los hechos y afirmaba que Khashoggi había salido del edificio. Días después reconoció que había muerto en su consulado, pero que fue por una pelea, mientras lo retenían. Cuando intervino la justicia saudí, se admitió la premeditación en el asesinato y que se perseguiría a los responsables.

En efecto, se constató que un comando de 15 saudíes viajó a Estambul para aniquilar al periodista. A finales de 2019, se condenó a muerte (finalmente, conmutada) a cinco funcionarios de los servicios secretos y a otros tres a 24 años de prisión. Sin embargo, fueron muchos los que vieron en este juicio un simulacro para encubrir a los verdaderos responsables. Como veremos en este libro, a menudo los servicios secretos de un país organizan la «desaparición» de un personaje molesto, en aras de la «seguridad» del país o para contentar al poder. Estaba claro quién había matado a Khashoggi «físicamente», pero lo que la opinión pública internacional quería saber era algo más importante: ¿había ordenado el príncipe heredero Mohammed bin Salman el asesinato? La justicia saudí dijo que no. El mundo no se lo acabó de creer. ¿Es este un crimen resuelto?

> Si el desaparecido es alguien con una presencia pública y potenciales enemigos, será más probable que no vuelva a aparecer. El odio mata, como sabemos.

que hallan. Si cada uno se encarga de eliminar al enemigo del otro, y el interesado se encarga de crearse la coartada perfecta, como estar jugando al tenis a la hora del crimen, nadie se atrevería a acusarlos. Un crimen sin móvil aparente desarma a la policía. Es el crimen perfecto. Luego queda al albur de la pericia del ejecutor, pero eso ya es otra historia.

Podemos, pues, tener –o no– al asesino, pero ignorar el porqué del crimen. Eso sucede, ya lo indicábamos, cuando se descubre el cadáver que deja un asesino en serie. No es alguien amenazado, no tenía –al parecer– cuentas pendientes con nadie. De Litvinenko o de Kashoggi no surgen dudas del móvil, eso aparece fuera de toda duda. Sin embargo, en crímenes como el de Bottecchia o el de Elizabeth Short resulta más complicado establecer una relación. Por eso, ya entonces y aún hoy, se siguen dando palos de ciego sobre la autoría *física* de estos crímenes, mientras que en los casos antes citados el misterio reside en descubrir, de manera documental, las órdenes que

Los protagonistas en *Extraños en un tren*, cuando se encuentran en el vagón.

desenmascaren a los autores intelectuales. La existencia de un móvil claro, definido, ayuda a levantar teorías, a señalar sospechosos.

Nicholas Epley, científico del comportamiento y profesor de la Universidad de Chicago, ha afirmado: «Las personas subestiman una y otra vez el beneficio de hablar con desconocidos. Nos pasarían más cosas y nuestra vida sería más interesante si volviéramos a charlar con extraños». Epley llegó a esa conclusión tras múltiples experimentos que buscaban una explicación a nuestra conducta cada vez más antisocial. No la virtual, la de las redes sociales, sino la real, la física. Es probable que Highsmith y Hitchcock tuviesen razón: a veces es muy difícil hablar de lo que nos importa con alguien que nos conoce demasiado.

CUANDO FALTA EL CADÁVER

¿Y si damos por hecho que alguien ha muerto, pero no encontramos el cuerpo? Técnicamente, hablamos de una desaparición. Si el desaparecido es una persona con una presencia pública y potenciales enemigos, resultará más probable que no vuelva a aparecer. El odio mata, como ya sabemos. Es lo que se podrían esperar los familiares de Mehdi Ben Barka o de Jimmy Hoffa, dos personajes incómodos para muchos, la primera noche en que no aparecieron. El miedo que sentirían en sus carnes sería mayor –o, al menos, más argumentado– que el de la mayoría de las 14 000 personas que se estima que hay desaparecidas, en la actualidad, en un país como España. La mayoría, según los datos policiales, aparecerán.

Cabe preguntarse qué sucede con un desaparecido. ¿En qué momento pasa a considerarse fallecido? ¿Cuándo puede su familia, al menos, tomar posesión de sus bienes? La ley contempla estas situaciones y hay dos pasos:

- LA DECLARACIÓN DE AUSENCIA: cuando un juez declara al desaparecido ausente, con el fin de proteger sus bienes y derechos. En este caso se designa a un representante del desaparecido.

- LA DECLARACIÓN DE FALLECIMIENTO: cuando el desaparecido sigue sin aparecer tras un determinado tiempo, un juez puede realizar esta declaración, con la que se le considera fallecido a efectos legales.

La primera se puede conseguir tras un año sin noticias de la persona desaparecida. Para la segunda, entran en juego otras circunstancias además del tiempo, como por ejemplo la edad o las circunstancias de la desaparición. Estos son los casos más importantes:

- Cuando hayan transcurrido diez años desde la desaparición o las últimas noticias del desaparecido.

- Cuando hayan transcurrido cinco años desde la desaparición, en caso de que el desaparecido tuviera cumplidos 75 años.

- Cuando hayan transcurrido dos años desde la desaparición, si esta se ha producido en una situación de alto riesgo para la vida de la persona.

- Cuando hayan transcurrido dos años desde el fin de la guerra, en el caso de que la persona desaparecida perteneciese a un ejército o contingente armado.

- Cuando hayan transcurrido tres años, en el caso de que la persona desaparecida fuera un tripulante o pasajero de una embarcación, si hubiera sucedido durante un naufragio.

- Cuando hayan transcurrido dos años si la persona desaparecida fuera un tripulante, auxiliar o pasajero de un avión de un accidente aéreo.

En cualquier caso, la ley dispone –¿para evitar tentaciones?– que los herederos habrán de esperar otros cinco años para que puedan donar los bienes que han heredado así como para entregar los legados, a menos que sean a favor de instituciones benéficas.

Siempre puede suceder –no es el caso de nuestro libro– que a la vida le dé por imitar el caso del coronel Chabert o del conde de Montecristo, dos célebres desaparecidos de la literatura francesa del siglo XIX, que volvieron a la vida cuando todos los creían muertos. No es lo normal, pero el destino, en ocasiones, otorga una alegría (¿seguro?) a los deudos. En este caso, la persona *renacida* podrá recobrar sus bienes, pero en el estado en el que se encuentren en el momento de su aparición. Si sus propiedades se hubieran vendido, tendrá derecho a ese dinero (o a los bienes que se compraron con dicha cantidad). Para respiro de los herederos, no podrá reclamar lo mismo que tenía antes de su aparición.

Es lo más cercano a un final feliz que vamos a encontrar en este libro.

Parte I

MISTERIOS AÑEJOS

ANTES DEL SIGLO XX

EL CRIMEN SALÍA MÁS BARATO ANTES. LA CIENCIA FORENSE ERA UNA ENTELEQUIA Y, A MENUDO, LOS PREJUICIOS SUSTENTABAN LOS JUICIOS. HUBO UN TIEMPO EN EL QUE LA ÚNICA SEGURIDAD DE ACUSAR A UN ASESINO ERA OBSERVARLO *IN FRAGANTI*. Y ESO SUCEDÍA MUY POCAS VECES.

UNA FAMILIA MALDITA:
JUAN BORGIA

HABEMUS CRIMEN

En ocasiones, no ha existido un lugar tan peligroso y dado a las bajas pasiones como el Vaticano. Si a finales del siglo XV vivías cerca, te apellidabas Borgia y te dedicabas a crearte enemigos, es posible que no pudieras llegar al XVI. Juan Borgia puede dar fe de ello.

INFORME JB-14/697

Unos buzos rastrean el Tíber en busca de algo. Es el principio del verano romano y las aguas aún están frescas. Al cabo de un rato, encuentran lo que pretendían: el cadáver de Juan Borgia, el hijo del papa.

FECHA DEL CRIMEN
14 de junio de 1497.

MOTIVACIÓN
Desconocida.

ESTATUS DE LA VÍCTIMA
Hijo mayor del papa Alejandro VI.

NÚMERO DE VÍCTIMAS
Una.

REPERCUSIÓN
Golpe a la familia Borgia y la corona de Nápoles se queda sin uno de sus pretendientes más firmes.

¿HAY SOSPECHOSOS?
Muchos. Desde una intriga familiar hasta (más probable) un ajuste de cuentas de otras familias poderosas, como los Sforza o los Orsini.

CUANDO EL MEDIEVO dejó paso a la Edad Moderna, cuando el Renacimiento se hacía fuerte en Europa, cuando los Reyes Católicos gobernaban Castilla y Aragón y América empezaba a explorarse, una familia de origen aragonés afincada en Valencia ocupaba el centro de Roma, del Vaticano: los Borja. Fueron el corazón del poder, el cogollo de la política y el meollo de las conspiraciones. Hubo otras familias con similares características, pero ninguna como los Borgia (así se italianizó su apellido).

Una familia con historia

Uno de los más célebres fue Juan de Borja, o Juan Borgia, y sin duda el más claro aspirante a figurar en estas páginas (si bien el asesinato en los Borgia, como agentes o pacientes, era un eterno compañero). Nació en Roma hacia 1476, y desde joven fue merecedor ya de varios títulos nobiliarios, que acrecentó con el tiempo: duque de Gandía, príncipe de Teano y de Tricarico o gran condestable de Nápoles, entre una ristra de honores. Quizá por ello –o, simplemente, lo llevaba en las venas– se convirtió en un joven altanero, pagado de sí mismo y mujeriego, siempre desafiante, lo que más tarde acabaría pagando caro.

Primogénito del cardenal Rodrigo Borgia y de Vannozza Cattanei –la única amante reconocida, de las muchas, del futuro papa Alejandro VI–, con 12 años le endosaron matrimonio con la que iba a ser mujer de su hermano (pero este falleció), María Enríquez de Luna, y se casaron en 1493, justo tras el *habemus papam* de su padre. Fue a la Península a ejercer su ducado de Gandía, pero en España no tenía mucho predicamento. Los Reyes Católicos lo ignoraron –su mujer era familia de Fernando de Castilla–, así que se volvió a Roma, donde gozaba de más público.

Un carácter destemplado

Juan llevó una vida disoluta y pendenciera tanto en España como en Italia, lo que chocaba frontalmente con la estricta moralidad de su esposa. Fue un matrimonio de pura fachada, como se podían imaginar quienes lo conocieran. Borgia quería ser la novia de todas las bodas... y acabó siendo el muerto de su propio entierro.

A Juan Borgia lo hallaron muerto la tarde del 16 de junio de 1497, en las orillas del romano río Tíber. Pocos meses antes, había sido nombrado capitán general de la Iglesia y estaba a cargo del ejército pontificio, con el que había atacado intereses de los Orsini, una familia enemiga. Y tan solo unos días antes, su padre le había otorgado –a dedo, como mandaban lo cánones nepotistas de los Borgia– el ducado de Benevento y los señoríos de Terracina y Pontecorvo, con la opinión contraria del colegio cardenalicio y de los Reyes Católicos. Estaba en demasiados charcos. También, como buen pendenciero y fanfarrón, buscador de lances y amoríos, se había ganado múltiples enemigos. Pero, ojo: era hijo del papa, de uno muy poderoso. Había que estar muy seguro de querer matarlo y de hacerlo sin dejar rastro, si se querían evitar las consecuencias.

Una anécdota que ilustra el carácter del finado nos lo presenta en un banquete que ofrecía en Roma el cardenal Ascanio Sforza –de la potentada y milanesa familia Sforza–. Borgia, tan impulsivo como siempre, empezó a tensar la cuerda con los comensales, llamando a algunos «holgazanes». Uno de los interpelados se plantó y le

Interpretación de un retrato que se cree de Juan Borgia, del pintor Girolamo Marchesi.

dijo con firmeza que se acordaría de su afrenta, que no la olvidaría llegado el momento. Juan no reaccionó con violencia –como cualquiera que lo conociese hubiera apostado–, sino que se levantó con toda frialdad de la mesa y se marchó del ágape. De inmediato se lo contó a su padre –¿cómo fue?: «¡Hazles algo, papa!» o «¡Hazles algo, papá!»–, quien ordenó a una compañía del ejército vaticano que se presentase en casa del cardenal Sforza, que forzó la puerta del edificio e irrumpió en busca del infortunado, que resultó arrestado; días después, lo ahorcaron. Conclusión: era de esperar que Juan Borgia tuviese bastantes enemigos.

Muerte en el Tíber

Alguno de ellos lo mataría la noche del 14 de junio. Aquel día celebraban una comida familiar en casa de su madre Vanozza, en un viñedo del monte Esquilino, quizá en espera de que Alejandro VI le otorgase a su hijo nuevos títulos que lo convertirían en candidato a la corona de Nápoles. No sabemos qué habría pasado de ser así, porque tras el convite, Juan desapareció. Al día siguiente tenía previsto viajar a Gandía, junto con su hermana Lucrecia. Al parecer, antes de eso tenía otro plan más divertido, posiblemente algún devaneo amoroso. Salió de la cena con su hermano César, pero pronto se escabulló junto con su escudero y un enigmático caballero enmascarado, del que nada se conocía. Se dirigieron al barrio judío, donde Juan dio orden a su escolta de esperarlo hasta medianoche; si pasado ese tiempo no aparecía, podía volver a palacio...

Y, en efecto, no apareció esa noche. Pero tampoco a la mañana siguiente, ni durante todo ese día. Eso excedía a un escarceo prolongado: algo había pasado. Que un hombre con tantos enemigos como Juan anduviese a solas por la noche romana era toda una invitación a la venganza.

Como decíamos, el día 16 apareció su cadáver. Ya se lo temían. Los alguaciles de la ciudad habían encontrado a su escudero malherido e inconsciente. Esa misma mañana, las pesquisas condujeron hasta un comerciante que

Interpretación de un retrato de
Alejandro VI, atribuido a Pedro Berruguete.

LOS BORGIA

La familia Borgia fue una de las más poderosas del Renacimiento europeo. Su origen se establece en Játiva, en el entonces reino de Valencia. Hubo un primer papa Borgia: Alfonso, conocido como Calixto III, entre 1455 y 1458. Fue él quien empleó la costumbre, tan de los Borgia -y de otros- de utilizar descaradamente el nepotismo (de *nepote*, «sobrino» en italiano). Colocó a dos de sus sobrinos como cardenales, uno de los cuales acabaría siendo también papa, Alejandro VI. Del mismo modo, este promovió al hermano de su amante Julia Farnesio (Alejandro), a cardenal, desde donde se convertiría en el papa Pablo III.

César y Lucrecia Borgia, hermanos de Juan, son también dos famosos personajes, cuya leyenda (a menudo injustificadamente negra) llega hasta nuestros tiempos. Los Borgia también dedicaron parte de su amplio patrimonio al mecenazgo y financiaron a artistas tan importantes como Miguel Ángel, Tiziano y El Bosco. Leonardo da Vinci diseñó para el ejército papal unas singulares y novedosas máquinas de guerra.

Retrato de Flora, de Bartolomeo Veneto (hacia 1520). Se cree que el rostro es el de Lucrecia Borgia.

declaró que la noche de autos había visto cómo varios hombres arrojaban un cuerpo al Tíber. Así que dragaron el río hasta que en las redes se enganchó un pesado fardo. No había duda: era el hijo del papa. Lo habían acuchillado con saña –nueve puñaladas– y tenía el cuello seccionado. Quien hubiera sido, dejó muy claro que no guardaba ningún interés económico, puesto que la faltriquera con 30 ducados –una cantidad considerable en la época– permanecía intacta. «No –quería decir aquello–, no ha sido un robo: lo hemos matado por quién es, no por lo que tiene. Juan Borgia nos vale más muerto que vivo».

Demasiadas sospechas

Así las cosas, la lista de sospechosos se disparó desde un principio. La leyenda negra de una familia como la de los Borgia se encargó de buscar culpables dentro de la misma. Quizá fue una orden del propio papa, cansado de la vida disoluta de su hijo; quizá el temible y más cerebral César Borgia, el más beneficiado por la muerte de su hermano en cuestiones sucesorias; quizá el hermano pequeño Jofré, celoso por una posible infidelidad de su bella mujer, Sancha de Aragón, con Juan. Pero parecen acusaciones vanas, más bien destinadas a hacer daño a una familia que a acercarse a la realidad. Esta nos invita a pensar en las otras familias insignes de la época, como los Sforza o los Orsini. Su cuñado, Giovanni Sforza –aún marido de Lucrecia– pleiteaba con el papa, que quería anular este matrimonio para casarla con alguien más conveniente; el ya mentado cardenal Ascanio tenía cuentas pendientes con el papa; con los Orsini acababan de firmar un pacto de no agresión, síntoma de que en realidad quedaban muchas heridas por cerrar.

Y, además –como relata nuestra anécdota del banquete– aún quedaban todos esos ofendidos por la temeridad e insolencia de Juan Borgia, sin contar con una pléyade

Grabado antiguo que representa el momento en el que llevan el cuerpo de Juan Borgia ante su padre, Alejandro VI, y sus hermanos Lucrecia y César.

de maridos agraviados. A pesar de las indagaciones, la Santa Sede admitió que no tenía ni idea de quién y por qué causa habían matado a Juan Borgia.

La única enseñanza de este crimen es que en aquel mundo de intrigas no convenía pisar más charcos de los que te tocaba. Ni tan siquiera ahora.

Tras el asesinato de Juan Borgia, se hizo célebre el siguiente sádico epigrama, dedicado a Alejandro VI:

Que seas pescador de hombres, Sexto, lo creemos, pues pescaste a tu hijo con tus redes.

LA OSCURA MUERTE DE CHRISTOPHER MARLOWE

EL AUTOR DE LAS MÚLTIPLES TEORÍAS

A finales del siglo XVI, el chico de oro de las letras inglesas no era William Shakespeare, sino Christopher Marlowe. Su joven talento despuntaba con obras como *Tamerlán el grande*. Sin embargo, murió acuchillado en la cima de su fama. Se le relacionaba con el espionaje: ¿fue todo como parecía?

INFORME CM-305/93

- -

Cuatro hombres encerrados durante horas en una habitación y uno de ellos muere tras un forcejeo con un cuchillo. Es Marlowe, quien iba a declarar ante la justicia unos días después. ¿No hay gato encerrado?

FECHA DEL CRIMEN
30 de mayo de 1593.

MOTIVACIÓN
¿Intrigas de espionaje?

ESTATUS DE LA VÍCTIMA
Consagrado autor teatral y poeta.

NÚMERO DE VÍCTIMAS
Un herido y un muerto.

REPERCUSIÓN
La literatura en inglés pierde a uno de sus grandes autores: muchas grandes obras que serían nunca lo fueron.

¿HAY SOSPECHOSOS?
Marlowe murió a manos de Ingram Frizer, eso quedó sentenciado. Pero ¿fue por orden de alguien? Es más… ¿Simuló Marlowe su propia muerte?

EL SIGLO XVI fue fecundo para las plumas europeas. El Renacimiento había permitido que floreciesen las artes como nunca antes, el Barroco asomaba ya en Italia y la imprenta permitía que las obras y sus ideas se dispersasen más y mejor. En Inglaterra, en 1564, dos gigantes de la literatura nacían con apenas unas semanas de diferencia. William Shakespeare aún retumba en nuestros ojos y oídos como si hubiera nacido ayer, tal es la universalidad de sus obras. La fama de Christopher Marlowe es igualmente elevada, pero no tan popular fuera de las islas. Sin embargo, sus textos, su vida y –sobre todo– su muerte lo hacen merecedor de los mejores altares. Como poco, para figurar en este turbio libro.

Estudiante y... ¿espía?

Nació en 1564 en Canterbury, sin duda una localidad muy literaria desde que Geoffrey Chaucer la inmortalizase en sus cuentos un par de siglos antes. Fue el segundo de nueve hermanos, hijo de un zapatero y su mujer que, pese a su numerosa familia, pudieron pagarle unos buenos estudios. Apuntaba buenas maneras el joven Marlowe, que se sacó su bachillerato de Artes en 1584 y continuó sus estudios en la universitaria Cambridge. Pese a su brillantez, los documentos demuestran que la universidad dudó un tiempo si entregarle su merecido –por rendimiento– título. Y aquí comienzan los recovecos y oscuridades que acompañarán a nuestro protagonista hasta el final de su corta vida.

Los rumores –bastante contrastados, si se nos permite el oxímoron– apuntaban hacia un viaje de Marlowe a un seminario inglés en Reims, en el norte de Francia, con la intención de ordenarse como sacerdote católico. Algo que, en pleno mandato de la reina Isabel I –hija de Ana Bolena y Enrique VIII, quien había roto con el papa de Roma y el catolicismo años antes– era considerado delito. Sin embargo, un documento oficial en representación de la reina llegó a Cambridge en los siguientes términos:

> *En su viaje a Reims él no intentó nada de lo que le acusa, sino que por el contrario estuvo a las órdenes y al servicio de la reina… tal rumor deberá ser acallado por todos los medios… No es del agrado de la reina que quien ha estado dedicado al servicio de su país se vea difamado por aquellos que desconocen los extremos que lo han tenido ocupado.*

¿«Al servicio de su país»? ¿Qué querría decir esta carta cuya lectura parece encerrar más de lo que expresa? Los expertos de la época coinciden en que esas expresiones ambiguas se empleaban para proteger a aquellos que realizaban servicios secretos en favor de la corona. ¿Fue Marlowe un espía? ¿Qué lo llevó a visitar uno de los puntales del catolicismo? No quedan constancias, pero el debate sigue abierto.

(Que no se nos olvide: tras la recepción de esta carta, Marlowe obtuvo de inmediato su doctorado en Artes. Donde hay reina, no manda rector).

Diversos historiadores han apuntalado la creencia de las tareas de espionaje de Marlowe por la coincidencia de tres hechos:

1) Faltó en repetidas ocasiones a las clases universitarias (saltándose incluso las normas de asistencia) durante el curso 1584-1585.

2) A la vuelta de esas ausencias, gastó enormes cantidades en comida y bebida, por encima de lo que su beca podía admitir.

3) Marlowe era pariente de Francis Walsingham, secretario principal de Isabel I y al cargo de los servicios secretos de la Corona.

Interpretación de un retrato que se supone de Christopher Marlowe.

El intelectual y los tópicos

Tras la obtención de su título, Marlowe se trasladó a Londres, donde comenzó su fulgurante carrera como escritor.

Como buen poeta (al menos, como buen socio del tópico), Marlowe tuvo una existencia agitada y llena de sobresaltos. Se sabe, al menos, un episodio de su vida que acabó con él en la cárcel. Como tantos otros jóvenes de antaño, hoy y del futuro, compartía casa, en su caso con otro poeta, Thomas Watson. Junto con este, se vio involucrado en la muerte –probablemente, en un duelo– del hijo de un mesonero enemistado con Watson. Marlowe lo presenció y, a efectos legales, participó en los hechos. Pasó quince días en la cárcel, mientras que Watson, autor de la muerte, estuvo cinco meses hasta recibir el perdón real.

Como buen intelectual (o, ya sabemos, como dicta el tópico) perteneció a un grupo de pensamientos avanzados para su época. En su caso, se dice que, junto con otros notables de su época, conformaba la llamada Escuela de la Noche, en ocasiones también conocida como Escuela del Ateísmo. De ella se sabe que estaba liderada por sir Walter Raleigh, eminente escritor, político, empresario y corsario (o pirata, según la historia de cada país) inglés, pieza clave en la derrota de la Armada Invencible española. Esta relación, en un futuro, tendría consecuencias para Marlowe.

Una muerte con demasiados interrogantes

Nos acercamos a los hechos que rodearon la muerte de Marlowe. Durante siglos estuvieron envueltos en la sombra, hasta que un investigador encontró, en 1925, los documentos del médico forense de la época.

El 30 de mayo de 1593, Marlowe se encontraba junto a otros tres hombres en una posada. Todos tenían algo en común: habían sido empleados, de una u otra manera, por los Walsingham: es decir, por los servicios secretos. Tras varias horas de reunión, y tras una conversación que fue subiendo el tono, Marlowe arrebató a un tal Ingram Frizer su daga y le golpeó con ella en la cabeza. Luego llegó un forcejeo por recuperar el arma y, según las declaraciones posteriores, esta acabó clavada sobre el ojo derecho del poeta. Marlowe murió al instante.

Interpretación del *retrato Darnley* de la reina Isabel I.

No solo la calidad de los testimonios es dudosa –ya que los testigos fueron acusados de perjurio en otras ocasiones–, sino que este altercado mortal sucedió un par de días después de otro de los escasos hechos documentados sobre Marlowe. El entonces compañero de piso de Marlowe –otro célebre escritor llamado Thomas Kyd– había sido detenido unos días antes. Encontraron en su haber unos escritos heréticos, de cuya autoría acusó a Marlowe, a la par que lo definía como réprobo y blasfemo. Otro informante de la ley escribió por entonces una carta en la que acusaba a Marlowe de homosexual y ateo –dos pecados a cada cual peor–, de falsificador de moneda y de pertenecer al círculo secreto de Raleigh, lo que sirvió para que se emitiese una orden de arresto contra él. Marlowe se personó el 20 de mayo ante la ley, pero por cuestiones de agenda no fue recibido. Antes de que efectuase su declaración, murió apuñalado. El culpable confeso salió de la cárcel a las cuatro semanas, declarado homicida en defensa propia. Marlowe fue enterrado en una tumba anónima.

Tantas conexiones turbias arrojaron un abanico de teorías de la conspiración, que ni los investigadores de la actualidad se atreven a desmontar. La más que posible pertenencia de Marlowe al espionaje de la Corona le hacía presunto poseedor de secretos de Estado. Así, se han establecido una serie de conjeturas sobre su muerte. Aquí solo recogemos algunas:

- Sir Walter Raleigh arregló el asesinato, puesto que temía que, bajo tortura, Marlowe pudiera incriminarlo.
- La esposa de Thomas Walsingham orquestó el asesinato, celosa de la relación de su marido con Marlowe.
- Lo asesinaron a instancias de varios miembros de la corte, que temían que pudiera revelar que eran ateos.
- La reina Isabel I ordenó su asesinato por su subversivo comportamiento ateo.
- Marlowe fingió su muerte para salvarse del juicio y la ejecución por ateísmo subversivo.

Más de cuatro siglos después de su muerte, las teorías sobre Marlowe, lejos de desaparecer, siguen floreciendo.

Hoy se da por hecho que nunca sabremos lo que se escondió (si es que algo se escondía) tras la muerte de Marlowe.

LA TEORÍA MARLOWE

La más llamativa de las teorías sobre la muerte de Marlowe es la que lo vincula con William Shakespeare. Desde comienzos del siglo XVIII son varias las voces de expertos que dudan de la autoría real de Shakespeare respecto a las obras que se le atribuyen.

Esta teoría se basa en el fundamento de que William Shakespeare (1564, Stratford-upon-Avon) no tuvo ni pudo tener la formación para escribir textos tan ricos en fondo y en forma como los que compuso. Por ejemplo, que al Shakespeare auténtico le habría sido imposible manejar las cerca de 29000 palabras que contienen los textos de su obra. De este modo, sus piezas teatrales tendrían que provenir de otro autor. Christopher Marlowe sería, probablemente, el mejor posicionado.

Esta teoría alega que fue el propio Marlowe quien fingió su muerte para seguir viviendo con tranquilidad. Que la fama de Shakespeare comienza justo tras la desaparición de Marlowe. Que, desde un país extranjero -en algún lugar de Italia, quizá- siguió enviando sus obras (porque ya se sabe, el artista lo es hasta el final, no puede evitarlo). Que se buscó un hombre de paja que representase el papel de autor. Y ese autor menor, aupado al estrellato, sería William Shakespeare. Se han buscado (y encontrado) similitudes entre varios párrafos de las obras. ¿Quiere decir eso algo?

La mayoría de los expertos literarios afirman que la autoría de las obras de Shakespeare no ofrece dudas. No obstante, un equipo de análisis informático de la Escuela de Ingeniería y Ciencias Aplicadas de la Universidad de Pensilvania, determinó en 2016 que Marlowe y Shakespeare debieron trabajar juntos en las tres partes de *Enrique VI*. Más madera para la leyenda.

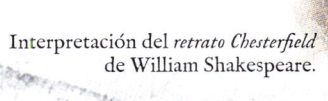

Interpretación del *retrato Chesterfield* de William Shakespeare.

EL ENIGMA PERENNE DE
KASPAR HAUSER
¿TRÁGICA VÍCTIMA O IMPOSTOR NATO?

Uno de los misterios más grandes de la historia de Alemania es el de este niño casi salvaje surgido de la nada en Núremberg. Pronto aparecieron dos teorías: una que le creía un insigne heredero dinástico y otra que lo tomaba por un impostor. Así fue hasta su violenta muerte.

INFORME KH-712/33

El célebre Kaspar Hauser denuncia que un desconocido lo ha acuchillado en el pecho. Sangra mucho y, tres días después, muere. Las dudas sobre la autoría de ese atentado se disparan.

FECHA DEL CRIMEN
17 de diciembre de 1833.

MOTIVACIÓN
Desconocida. ¿Intrigas políticas? ¿Autolesión?

ESTATUS DE LA VÍCTIMA
Niño salvaje reconvertido, heredero dinástico o impostor. Hay dudas.

NÚMERO DE VÍCTIMAS
Una.

REPERCUSIÓN
El misterio alrededor de Kaspar se redobla. Multitud de artistas se lanzan a componer obras con Hauser como protagonista.

¿HAY SOSPECHOSOS?
Para algunos, la casa de Baden, interesada en eliminar a un posible competidor.

FUE WINSTON CHURCHILL el que se refirió a Rusia en estos términos: «Es un acertijo, envuelto en un misterio, dentro de un enigma». Todo un adagio ya de las citas célebres, pero que viene al caso por el ídem de Kaspar Hauser. No solo no sabemos quién lo mató, sino si realmente alguien lo mató y, sobre todo, quién demonios era Kaspar Hauser. Puede que ni él mismo lo supiera.

El origen del misterio

El misterio empezó un 26 de mayo de 1828. Sin duda, es lo más claro de esta historia, a la que nos costará seguirle la pista, tanto como a todos los estudiosos europeos de los últimos dos siglos. Ese día apareció en una plaza de Núremberg un adolescente con aspecto perdido, ropa desgarrada –pero con un fino pañuelo de seda al cuello– que repite una frase (y apenas sabe decir más que esa, sin entender su significado): «Me gustaría ser un soldado de caballería como lo fue mi padre». En la mano llevaba una carta, que a su vez incluía otra. La primera pretendía ser de su anterior tutor; la segunda, de su madre. Pero parecían escritas por el mismo puño. De lo poco que se podía sacar en claro es que aquel joven había nacido el 30 de abril de 1812 y que era huérfano. Balbuceaba que su nombre era Kaspar Hauser.

Ese mismo día lo llevaron a comisaría y lo dejaron allí, como vagabundo; lo de los servicios sociales era cosa de otro siglo. No había signos de locura o deterioro cognitivo, y los médicos no encontraron grandes taras físicas, más allá de una evidente mala alimentación. También detectaron una marca de vacuna contra la viruela, que entonces solo se administraba a los niños de las clases acomodadas.

Cuando aprendió a hablar dijo que había pasado la mayoría de su vida preso en una pequeña celda, donde tenía una cama de paja y un caballito de madera. Todas las mañanas encontraba pan y agua para comer. El único ser humano con el que tuvo contacto fue un hombre con el rostro cubierto que le enseñó a caminar, a escribir su nombre y repetir la frase del caballero. El mismo que lo había llevado hasta Núremberg.

Tutores y teorías

El caso del expósito de Núremberg llamó rápidamente la atención de toda Europa, alimentada por el gran interés que los llamados «niños salvajes» transmitían en la época romántica. Al crecer sin la influencia de la sociedad, estos niños fueron vistos como una prueba de que los seres humanos son buenos en esencia. El último *niño lobo*, Victor von Aveyron (quien inspiró a François Truffaut la película *El pequeño salvaje*), había muerto poco antes y Kaspar Hauser llenó ese vacío a la perfección.

En los cinco años que le quedaban con vida, Kaspar fue puesto bajo la tutela de diversos mentores. El primero de ellos, Georg Friedrich Daumer, un poeta y ocultista que soñaba con una nueva religión y vio en Hauser a un enviado de Dios, «tan puro como la luz». Lo sometió a numerosos experimentos de homeopatía y magnetismo, muy populares en aquellos tiempos. Anselm von Feuerbach, el jurista alemán más importante del siglo XIX también estuvo muy cerca del joven Kaspar Hauser y en 1832 publicó el estudio psicológico *Kaspar Hauser, un delito contra el alma humana*. Fue él quien escribió: «Numerosos elementos del caso de Kaspar Hauser (por quien cada vez me intereso más tanto a título profesional como personal) son enigmáticos y, sin duda, lo seguirán siendo a pesar de los esfuerzos conjuntos de la policía y de la justicia».

Sin embargo, ya en vida de Kaspar empezaron a alzarse algunas voces señalando que aquel tipo extravagante no era más que un fraude. Esos 16 años de vida encerrado en una celda, ¿no debían

Uno de los retratos más conocidos de Kaspar Hauser.

Grabado de la época que muestra a los tutores de Kaspar Hauser mientras lo educan.

de haberle dejado mayores huellas físicas y psicológicas? Un joven que pasa tanto tiempo sin ver a nadie –excepto al misterioso enmascarado, en caso de existir– y sin caminar apenas... ¿no se habría vuelto loco? ¿No habría perdido sus facultades físicas, sobre todo, las de locomoción? ¿No estaremos –honrados ciudadanos de Baviera– ante un IMPOSTOR?

Esas voces se mezclaban con las que apostaban por su origen dinástico, según las cuales Kaspar no era sino la inocente víctima de intrigas palaciegas. Von Feuerbach, en un informe secreto a la reina Carolina de Baviera –posteriormente desvelado–, estaba convencido de que se trataba de un príncipe badense alemán, que había sido sustituido por un niño moribundo a causa de intrigas dinásticas.

Extraños ataques

Kaspar se fue convirtiendo en una celebridad más en Baviera. Frecuentaba los mejores círculos sociales, su personalidad era atractiva, o al menos peculiar, y era conocido como apasionado bailarín. Al parecer, nunca tuvo una relación cercana con una mujer ni era apto para trabajos que hubieran requerido una formación intelectual superior. A finales de 1832, von Feuerbach lo colocó en su corte como escriba y copista.

Estefanía de Beauharnais, madre de Kaspar Hauser según algunas teorías.

Para entonces ya habían aparecido los primeros sucesos violentos que acompañaron a Hauser en sus últimos años, y que avivaron la polémica respecto a su honestidad. En octubre de 1829, encontraron a Hauser en el apartamento de Daumer con un corte que sangraba en la frente. Dijo que había sido atacado en la letrina por un hombre enmascarado. No solo por la máscara, sino por la voz, Hauser dijo haber reconocido al hombre que lo condujo a Núremberg el año anterior. El rey de Baviera Luis I ofreció entonces 500 florines a quien resolviera el caso.

Unos meses después, en la casa de sus nuevos tutores, volvieron a hallar a Kaspar herido, al parecer de bala, en el lado derecho de la cabeza. Hauser pronto revivió y dijo que se había subido a una silla para buscar algunos libros, la silla se había caído y luego, al tratar de encontrar un asidero, por error derribó la pistola que colgaba de la pared y provocó que el tiro se disparara. Ese tipo de historias fantasiosas, marca de la casa, eran una delicia para quienes apostaban por su impostura.

A la tercera fue la vencida. El 14 de diciembre de 1833, se vio a Kaspar corriendo desde el palacio de Ansbach, donde trabajaba, a su casa para mostrarle a su nuevo tutor una herida sangrante en el pecho. Según Hauser, un hombre –vestido de negro, etcétera– se le había acercado con la excusa de darle un bolso y luego lo apuñaló.

La herida fue fatal y Kaspar murió tres días después. La policía encontró en la escena del crimen una bolsa con una nota escrita al revés, en espejo, firmada por el atacante como ML Ö. Las inconsistencias en la versión de Hauser, el hecho de que la nota contenía un error gramatical y otro de ortografía habituales en Kaspar y las pruebas forenses efectuadas por los médicos llevaron a pensar que él mismo se había lesionado. Desde luego, eso pensaron los partidarios de Hauser como fraude, quienes afirmaban que lo había hecho para reanimar su decreciente popularidad. Sin embargo, para quienes creían en un Kaspar Hauser de sangre real, su asesinato no hacía más que corroborar su importancia en la supuesta trama palaciega. Esta vez, Luis I tasó en 10 000 florines la recompensa de quien diera con el asesino.

Napoleón Bonaparte.

ALGUNAS TEORÍAS SOBRE EL ORIGEN DE KASPAR

I) La más aceptada en un principio sostenía que era hijo y heredero de Carlos II y Estefanía de Beauharnais, grandes duques de Baden. Kaspar fue reemplazado en el lecho materno por un niño difunto, a fin de que la pareja no tuviese descendientes que complicasen la sucesión al trono bávaro.

II) Otra afirma que Estefanía (familia directa de Josefina, primera mujer de Napoleón) tuvo un hijo con el emperador corso. Este fue escondido de inmediato, por las grandes implicaciones políticas que causaría: una unión de dos imperios tradicionalmente enfrentados, como el francés y el bávaro.

III) Una más reciente establece que Kaspar era el hijo de un soldado bávaro y una campesina tirolesa. El soldado se quedó a cargo del bebé, que mostraba las enfermedades genéticas propias de la zona. Justo entonces, en el Tirol, se hizo obligatoria la vacuna contra la viruela. Además, un monolito levantado en la comarca recordaba a un tal Kaspar Hauser, que murió luchando contra Napoleón.

Continuas hipótesis

Como la figura de Hauser, lejos de olvidarse, se ha alzado en mito –esa mezcla de niño salvaje y potencial heredero–, hasta nuestro tiempo han llegado las disputas. Con las nuevas tecnologías, se realizaron análisis de ADN en 1996 de unas salpicaduras de sangre en unos pantalones de Kaspar, que no mostraron coincidencias con la casa de Baden; sin embargo, otra de 2002 reveló que la sangre no procedía del propio Kaspar, sino de las manchas de los empleados del museo y que la pertenencia a la casa real era perfectamente factible.

Víctima o impostor, Kaspar Hauser –convertido ya en icono cultural, protagonista de decenas de obras artísticas– ocupa un lugar destacado en la lista de misterios europeos sin (¿e imposibles de?) resolver.

Es seguro que, a lo largo de los años, seguirán apareciendo nuevas teorías sobre la verdad del caso de Kaspar Hauser.

HIC JACET
CASPARUS HAUSER
AENIGMA
SUI TEMPORIS
IGNOTA NATIVITAS
OCCULTA MORS
MDCCCXXXIII

Lápida de Kaspar Hauser en el cementerio de la ciudad de Ansbach.

UN HÉROE NACIONAL:
RYOMA SAKAMOTO

EL PODER DE LA VOLUNTAD Y LA PALABRA

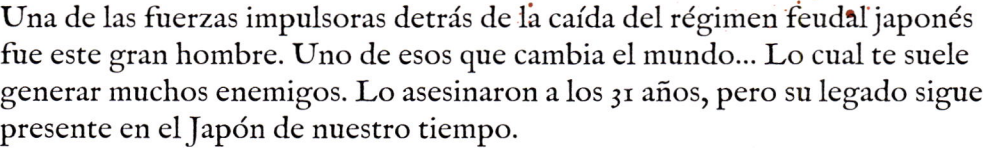

Una de las fuerzas impulsoras detrás de la caída del régimen feudal japonés fue este gran hombre. Uno de esos que cambia el mundo... Lo cual te suele generar muchos enemigos. Lo asesinaron a los 31 años, pero su legado sigue presente en el Japón de nuestro tiempo.

INFORME SR-1012/67

Un héroe de la patria cena con otro líder político la noche de su cumpleaños. Pero una multitud enfebrecida entra a la posada y lo asesina. Muere el hombre, pero nace el mito y sigue su obra.

FECHA DEL CRIMEN
10 de diciembre de 1867.

MOTIVACIÓN
Crimen político.

ESTATUS DE LA VÍCTIMA
Líder de la Restauración Meiji y héroe nacional.

NÚMERO DE VÍCTIMAS
Dos.

REPERCUSIÓN
La Restauración Meiji se queda sin uno de sus propulsores, pero se mantiene firme en su ausencia.

¿HAY SOSPECHOSOS?
Se pensó que pudiera ser algún socio receloso en el camino que condujo a la Revolución, pero lo más aceptado es que fuese un grupo pro-sogunato.

Si VIAJAMOS A Kyoto, en Japón, nos sorprenderá comprobar que la histórica ciudad parece consagrada a un solo samurái. Existe un sendero completo de un kilómetro dedicado a él, que indica los lugares notables por los que pasó, dónde se enamoró e incluso dónde fue asesinado. El nombre del samurái es Sakamoto Ryoma. En aquella época, a mediados del siglo XIX, Kyoto aún se llamaba Edo.

Tiempos de cambio

Para conocer la historia apasionante de Sakamoto (nacido en 1836) hay que mentar la de aquel Japón feudal al borde del abismo, del cambio.

Durante dos siglos, desde que Tokugawa Ieyasu ganó la batalla de Sekigahara, el clan Tokugawa gobernó Japón. El sógun Tokugawa se encontraba en la cima de la estructura de poder como gobernante del *bakufu*, o gobierno guerrero. El estatus del emperador de Japón quedaba en algo más bien simbólico. No fue una mala época, vista en conjunto. En su haber goza de un gran logro: 260 años de gobierno pacífico e ininterrumpido en un Japón unido, más que nunca en su historia. Surgió una «explosión cultural» que amparó muchas de las artes que hoy se consideran características del país, como el teatro kabuki, la impresión en madera... y el *sushi*, entre otros.

Sin embargo, todo se desgasta, todo tiene un límite. De tanto mirarse el ombligo, Japón se había olvidado de mirar hacia fuera y el país seguía anclado en el tiempo, en el «periodo Edo». En la práctica, seguía siendo una nación feudal. Y fuera, el mundo había cambiado.

En 1853, una moderna flota de barcos de guerra de la marina de Estados Unidos (con sus humeantes chimeneas que aterraban a los locales), bajo las órdenes del comodoro Perry, arribó a la bahía de Edo con una «petición» al Gobierno japonés: tenían que abrir sus puertos a las potencias extranjeras. O si no... Si el capitalismo llama a tus puertas, únete a él o... El sogunato, que veía que su tiempo se acababa, prefirió no despejar los puntos suspensivos y, tras siglos de relativa endogamia, se abrió a distintos acuerdos comerciales con los norteamericanos primero, más tarde con los rusos, con los franceses, con los ingleses...

Un joven impetuoso

El país se dividió en dos: los partidarios de echar a los bárbaros (o morir en el intento, ya sabemos aquello del honor y el *harakiri* japonés) y aquellos que reconocían que el país estaba anquilosado y que algo bueno aprenderían de los extranjeros. Tradicionales contra modernos, feudalistas contra afrancesados, castizos contra hípsters: la historia no cesa.

Entre los primeros, en principio, se contaba Ryoma Sakamoto. Un joven que no tenía nada de especial, mal estudiante, de familia humilde y, eso sí, excelente con la espada. Un potencial exaltado en una época que se conoció como *Bakumatsu*, el fin del gobierno samurái, del sogunato. Una «edad del plomo» nipona, un momento bisagra de extrema violencia, típica del hueco entre el ocaso de una época y el nacimiento de otra. El país estaba roto en mil facciones que competían entre sí. Sakamoto tenía más potencia que control en esos momentos. Casi nos parece oírle al grito de «¡A las barricadas!», queriendo derrocar lo viejo... sin saber qué poner de nuevo. Por eso mismo, un buen día de 1862 decidió que tenía que asesinar a Kaishu Katsu, uno de los mandamases del sogunato. Y un hombre fascinante.

Uno de los retratos más conocidos de Ryoma Sakamoto.

EL FASCINANTE PODER DE LA PALABRA

Kaishu Katsu es otro de los personajes legendarios de Japón. Alguien -al igual que Sakamoto- surgido de una familia humilde que llegó a las posiciones más altas del sogunato. De joven estudió con los holandeses idiomas, ciencias y, lo más importante, el arte de la navegación moderna. Su experiencia como diplomático le había hecho valorar favorablemente la apertura del país a los extranjeros. Esa fama de amigo de los «bárbaros» lo había convertido en una figura impopular.

Cuando Sakamoto fue a matarlo a su casa -una noche de otoño, con la luz de las antorchas y de la luna llena- Katsu supo ver en aquel joven el temperamento y la fuerza adecuadas para renovar al país, pero con ideas dispersas. En su hogar forrado de libros y conocimiento, Katsu tomó la palabra y empezó su discurso. Le explicó a Ryoma el por qué de la necesidad de abrir Japón al exterior. Para Katsu, los extranjeros podían servir de ayuda para que brotase una savia nueva en Japón que, lejos de debilitar al país, lo fortalecería.

Su conversación se alargó al amanecer. Entonces, Sakamoto, convencido de su impetuoso error, se postró ante Katsu y se declaró su pupilo. La palabra había ganado a la espada y el maestro había ganado una poderosa arma: la voluntad de un hombre único.

Katsu se convirtió en un hombre poliédrico y singular. Fiel hasta el final con los Tokugawa, con el «sistema», pero, al mismo tiempo, la pieza imprescindible para el fin del sogunato y del inicio de la modernización nipona.

Kaishu Katsu

Figura decisiva

Sometido al embrujo de Katsu, Sakamoto «cambió de bando». O, tan solo, fue capaz de pensar por sí mismo con la semilla de luz que el maestro sembró en él. Tras ese encuentro, describió a Katsu en una carta como «la persona número uno de Japón». Decidido a servir a su país de una manera inteligente y eficaz, aquel joven reaccionario cuyo simple objetivo era arrojar al mar a los extranjeros pasó a estudiar otros idiomas, leyes y ciencias occidentales, bajo la atenta y asombrada mirada de Katsu, que contemplaba cómo su alumno tenía una mente tan abierta como la suya. Había interiorizado que la mejor manera de evitar ser colonizados o absorbidos por potencias cercanas –China, sobre todo– era modernizarse.

Para entonces, Ryoma ya sabía que era más importante comprender a los oponentes y trabajar para encontrar puntos en común con ellos que atacarlos para que se sometieran. Dejó su dominio de Tosa y se convirtió en un samurái sin clan, o ronin. Sin duda, una decisión difícil. También, una decisión que cambió el curso de la historia de Japón.

En 1864, cuando el Tokugawa *bakufu* comenzó a tomar medidas más expeditivas contra los rebeldes, Ryoma huyó a Kagoshima, donde se concentraba la mayoría de los rebeldes. Unos adversarios, por otro lado, ancestralmente enfrentados entre sí. Él fue quien negoció el acuerdo entre los dos principales clanes opositores al sogunato, Satsuma y Choshu, enemigos irreconciliables hasta entonces. Su aura de negociador neutral, joven e idealista resultó indispensable. En el tratado entre ambas familias se acordó crear una fuerza naval –moderna, al estilo de los occidentales, que les prestaron su ayuda– que se considera el germen de la Marina imperial japonesa, motivo por el que al propio Ryoma se le considera como el padre de esa institución.

Mano izquierda

Además de consagrarse a la política, Ryoma también se dedicó al comercio marítimo. En 1865 fundó la sociedad mercantil Kameyama Shachū, con base en Kameyama (Nagasaki), considerada como la primera empresa moderna japonesa, fundamental para la apertura y posterior riqueza del país.

En junio de 1867, a bordo de una nave, Ryoma reunió a cuatro importantes clanes y les expuso su «Plan de ocho puntos a bordo de un barco», en el que se instaba a que el Gobierno del país debería regresar a la Corte Imperial, es decir, al emperador. De nuevo, Sakamoto estaba en el meollo de la historia del país, en la culminación de lo que sería la Restauración Meiji. El 9 de noviembre de 1967, el sogún Tokugawa Yoshinobu presentó su dimisión ante el emperador japonés.

Tras esa dimisión aún llegarían días confusos en la historia japonesa, pero Ryoma Sakamoto ya había conseguido con su talento negociador más que lo que muchos con sus ejércitos.

Tokugawa Yoshinobu, el último sogún.

Enemigos múltiples

Esa mezcla entre lo viejo y lo nuevo que representaba Sakamoto se dejaba ver en su atuendo. Él permanecía con el traje tradicional japonés en todo caso, pero a menudo llevaba botas de *cowboy*, a buen seguro un regalo de sus amigos americanos. Y por eso mismo, por simbolizar el cambio, se granjeó muchos enemigos.

En marzo de 1866 ya sufrió un primer intento de asesinato, que acabó con Ryoma herido de gravedad. Se sabía señalado, pero eso no le impedía reunirse con otros líderes japoneses para seguir avanzando en el rediseño del país. El 10 de diciembre de 1867 quedó a cenar con Shintaro Nakaoka, otro de los prebostes de los nuevos tiempos. Varias personas se acercaron a la puerta de la posada, llamaron y les abrió el guardaespaldas y sirviente de Ryoma, un antiguo luchador de sumo. Querían ver a su jefe. Cuando este se dio la vuelta para preguntarle si deseaba recibirlos, lo acuchillaron. Entraron a tropel en la posada y clavaron sus cuchillos repetidamente en los cuerpos de Sakamoto y Nakaoka. Ambos murieron. Casualmente, ese día Ryoma cumplía 31 años.

Oficialmente, nunca se supo a quién respondía aquella muchedumbre. Se barajaron varias hipótesis. Se habló del político Kogo Shojiro, en teoría un aliado de los nuevos tiempos, en un intento de atribuirse todo el mérito del éxito de la Restauración. También del clan Satsuma, que temía lo que sucedería si no eliminaban el sogunato por la fuerza, y decidió eliminar a Ryoma para socavar la transición pacífica del poder. Pero lo más probable es que esa jauría fuese parte del Shinsengumi, una fuerza policial especial de espadachines afines al sogunato. De hecho, su líder, Kondō Isami, fue ejecutado tiempo después por este cargo, pero atropelladamente y sin pruebas. De hecho, los Mimawarigumi, otro grupo de acólitos del antiguo régimen, confesaron el asesinato en 1870.

Como en tantas otras ocasiones, la realidad quedó oculta y hasta en un segundo plano. Pese a su temprana muerte, el impulso que Sakamoto dio a Japón resultó imparable. Su maestro, Kaishu Katsu, fue rescatado por los primeros Gobiernos del régimen Meiji.

Sakamoto se encuentra hoy —según las encuestas— entre los tres japoneses más queridos en la historia del país.

Estatuas dedicadas a Sakamoto y Nakaoka, en el parque Maruyama de Kyoto.

EL ASESINATO DE
JUAN PRIM

HABÍA MÁS SOSPECHOSOS QUE ESPAÑOLES

Figura prominente del atribulado siglo XIX español, el militar, político y noble Juan Prim fue tiroteado cuando era presidente del Consejo de Ministros español. Nunca se descubrió al culpable: quizá por falta de pruebas, quizá por exceso de sospechosos.

INFORME JP-2712/70

En una nevada noche madrileña, varios hombres tienden una emboscada a Juan Prim. Se desconocen los autores físicos e intelectuales. Demasiadas partes tienen cuentas pendientes con el presidente.

FECHA DEL CRIMEN
27 de diciembre de 1870.

MOTIVACIÓN
Intrigas políticas.

ESTATUS DE LA VÍCTIMA
Presidente del Gobierno de España.

NÚMERO DE VÍCTIMAS
Dos heridos. Días después, falleció Prim.

REPERCUSIÓN
El general Francisco Serrano lo sucede y deja muy débil la recién inaugurada etapa del rey Amadeo I de Saboya.

¿HAY SOSPECHOSOS?
Antonio de Orleans, duque de Montpensier (cuñado de Isabel II), el regente general Francisco Serrano, el periodista y escritor republicano José Paúl y Angulo (entre otros).

MADRID.—Atentado contra la vida del general Prim, en la calle del Turco, la noche del 27 de diciembre.

El general Prim encabeza una ominosa lista española: la de los cinco presidentes del Gobierno que fueron asesinados durante el ejercicio de su poder. Fue el primero de ellos y el único (con el tiempo, llegarían otros cuatro) cuyo origen no se esclareció. En el plazo de 50 años y dos meses, otros tres primeros ministros fallecieron en atentados. Aquello de la democracia tardaba en arrancar en España.

¿Quién era Juan Prim?

Prim nació en 1814, meses después de que el ejército francés abandonase España tras la Guerra de la Independencia, en la que su padre fue capitán. Este tomó también parte en la primera guerra carlista (las que enfrentaban a las tropas de la reina Isabel II contra las de su tío, el pretendiente al trono Carlos María Isidro), que de 1834 a 1840 azotó el norte de España. En 1834, imitando a su padre, se alistó en el ejército isabelino. No sabía la reina Isabel II (por entonces, aún niña) que entraba a su servicio el hombre que le segaría una de las patas de su trono.

El joven Juan siguió guerreando y dando muestras de arrojo en el cara a cara de las batallas. Su valor lo hizo muy popular entre los suyos y en toda España. En el siglo XIX –y aún hoy, en varios, en demasiados lugares– era el mejor pasaporte para una expectativa de vida más sostenible en otro campo de batalla: la política. Von Clausewitz lo había dicho poco antes: ««La guerra no es más que la continuación de la política, con una mezcla de otros medios».

Sus sucesivos ascensos lo convirtieron en gobernador de Barcelona, donde reprimió con dureza las revueltas populares de sus paisanos. En esa época pronunció su conocida frase «o caja, o faja» (o ataúd, o fajín de general), que desde entonces se emplea para expresar que se está dispuesto a grandes sacrificios cuando se buscan grandes objetivos. Y fue fajín, porque al poco tiempo lo nombraron general. Poco después, una serie de intrigas políticas –en aquella época se sucedían a diario– y movimientos tácticos lo destinaron a Puerto Rico, como capitán general. Allí ejerció una brutal represión contra los esclavos negros, en tal grado que fue destituido y regresó a España.

Progresista, pero pragmático

En cualquier caso, en España siguió ejerciendo puestos de poder y cada vez acumulaba mayor prestigio, pese a que puntualmente, y por los sucesivos cambios de poder, tuviera que exiliarse en ocasiones.

Participó como observador en la guerra de Crimea y fue figura clave en la guerra Hispano-Marroquí de 1859-1860. Sus victorias en el campo de batalla le valieron el título de marqués de los Castillejos (por la batalla de tal nombre) y un reconocimiento popular de héroe en toda España, sobre todo en Cataluña, donde se restituyó su nombre.

Casado con una acaudalada mujer mexicana, Prim se dirigió a México con la intención de estabilizar el país, siempre con miras a sus intereses económicos, ya que había dilapidado la fortuna familiar de su mujer. Por entonces (1862), Estados Unidos se encontraba en plena Guerra de Secesión y, pese a su pasado en Puerto Rico, Prim se declaró entusiasta partidario de la Unión (los partidarios de la abolición de la esclavitud) y se llegó a entrevistar con el presidente Abraham Lincoln en Washington. En 1863, Prim volvió a España y se integró, de nuevo, en las filas del Partido Progresista, pese a que su nombre despertaba recelos en ciertos sectores, que lo consideraban demasiado moderado.

Juan Prim, en 1849.

Sin embargo, Prim regresó a España como el mayor estilete de los progresistas y azote del gobierno de los moderados. Su fracaso en varios alzamientos militares lo llevó al exilio en Londres, desde donde siguió intrigando. El estallido de la Revolución de 1868 (también conocida como la Gloriosa o la Septembrina) obligó a la reina Isabel II a dejar el trono y Prim volvió a España como cabeza visible de los nuevos tiempos. En 1869 se convocaron las primeras elecciones por sufragio universal masculino de España, en las que la coalición progresista-liberal, encabezada por Prim, arrasó. Nadie podía competir con el aura de un héroe nacional.

UNA MONARQUÍA SUBASTADA

Juan Prim había conseguido el exilio de Isabel II. El duque de Montpensier, cuñado de Isabel II, se postuló, pero ni era querido en España ni Napoleón III, rey de Francia, lo admitía (los Bonaparte y los Orleans estaban enfrentados). Se buscó la figura de un «hombre de Estado», como el veterano general Espartero, pero este declinó la oferta. Se ofreció la corona, entre otros, al sobrino del rey de Prusia y al hijo del rey de Italia, Amadeo de Saboya, pero Napoleón III seguía oponiéndose. Sin embargo, este fue depuesto en septiembre de 1870 (se proclamó la república en Francia) y Prim maniobró *in extremis* para presentar a Amadeo como el mejor candidato. El 16 de noviembre de 1870 votaron los diputados: 191 a favor de Amadeo de Saboya, 60 por la República federal, 27 por el duque de Montpensier, ocho por el general Espartero, dos por la República unitaria, dos por Alfonso de Borbón, uno por una República indefinida y uno por la duquesa de Montpensier, la infanta María Luisa Fernanda, hermana de Isabel II; hubo 19 papeletas en blanco.

Caricatura aparecida en la revista *La Flaca* (1869) en la que se muestra a Prim, Serrano y Topete «subastando» la Corona española.

Los peligros de un nuevo tiempo

Una nueva España nacía, pero no todos estaban de acuerdo con ello. Las Cortes aprobaron en 1869 una nueva Constitución, en la que muchos tenían esperanzas de que se aprobase la república como forma de gobierno. Muchos vieron a Prim como el principal freno, ya que en el fondo no era lo suficientemente renovador. Otros querían restablecer la monarquía en la figura de Antonio de Orleans, duque de Montpensier, quien se sentía legitimado para ello. También se acusó a Prim de negociar la venta de Cuba a Estados Unidos, pese a que Prim tan solo estableció un diálogo con el embajador americano. En tiempos de cambio se generan grandes expectativas: el caldo de cultivo ideal para crearse grandes enemigos. El caso de Prim no iba a ser una excepción.

Ya se cernían presagios oscuros sobre la vida de Prim. Un diputado de su partido había recibido la visita del director de un periódico, quien le anunció que diez diputados republicanos, encabezados por el diputado José Paúl y Ángulo, conspiraban contra el presidente. Sin embargo, pese a estas advertencias, Prim despreciaba la idea de llevar escolta. Un hombre como él, que había luchado tantas veces a muerte, *no tenía miedo*. Pero la prudencia es otra cosa.

El 27 de diciembre de 1870, el parlamento se reunía en Madrid para aprobar el presupuesto de la Casa Real del nuevo rey, Amadeo de Saboya. Tras la sesión, en los pasillos del edificio de la calle de San Jerónimo, Prim le espetó, provocador, a Paúl y Ángulo: «¿Por qué no se viene a saludar al nuevo rey, que llega a Cartagena?». A lo que este respondió con un críptico: «Mi general, a cada cerdo le llega su San Martín», en lo que pudo ser una fatal casualidad o una amenaza a destiempo.

Prim salió de aquella sesión hacia su casa, donde cenaría –o no– con su familia antes de acudir a una reunión de su logia masónica. Subió a un sobrio y elegante coche de dos caballos. Diputados amigos le dijeron que tomase otro camino diferente al habitual –su residencia quedaba a cinco minutos–, *por si acaso*. Pero Prim hizo caso omiso y mandó al cochero tomar el rumbo de todos los días: por la calle del Turco.

En el coche lo acompañaban dos de sus ayudantes. Era navidad y, quién sabe, podrían estar comentando cualquier trivialidad de las fiestas. Pero es seguro que se sorprendieron con el brusco frenazo justo antes de llegar a la calle Alcalá: dos coches de caballos les cortaron el paso, mientras que otro les salió por detrás. Doce personas rodearon el carruaje del presidente: surgieron de aquellos coches y de una taberna aledaña. Todo estaba medido.

Se oyó un silbido estridente. A esa señal, se acercaron algunos hombres armados. Con sus trabucos rompieron los cristales de las ventanas y dispararon repetidas veces contra el interior. Una vez descargadas sus armas, abrieron paso al carruaje de Prim.

Una muerte extraña

Dentro, Prim había sido herido, pero no de muerte. Su secretario había frenado con sus brazos algunos de los disparos. El otro ayudante había salido ileso. Se dirigieron a toda prisa hacia la residencia de Prim. Afuera nevaba y, cuando llegó a su casa, dejó un reguero de sangre que destacaba contra el blanco. Prim subió las escaleras por su propio pie y tranquilizó a su esposa. Antes de la madrugada, los médicos ya le habían extirpado ocho balas y amputado el dedo anular. Los medios comenzaron a extender noticias tranquilizadoras.

Antonio de Orleans, duque de Montpensier, en 1844.

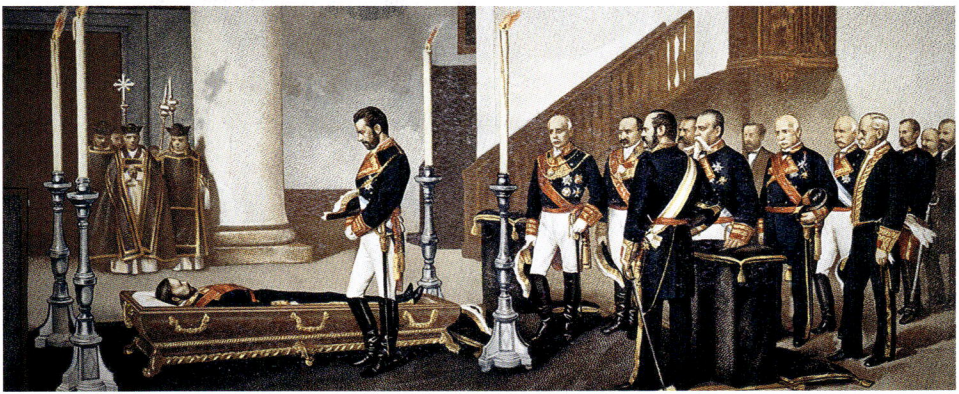

Amadeo I frente al féretro del general Prim, cromolitografía de Manuel Giménez, a partir de un cuadro (perdido) de Antonio Gisbert de 1870.

Pero a Prim no lo iban a matar las balas –no directamente–, sino unos agentes infinitamente más pequeños: aquellas heridas iban a infectarse. Fue el frío el que llevó a Prim a vestirse con un abrigo de piel de oso, cuyos pelos pudieron empeorar el proceso. La septicemia se extendió los siguientes días por todo su cuerpo. La mañana del 30 de diciembre, los medios anunciaban: *El estado general del enfermo es satisfactorio, y las heridas se presentan en situación favorable.* Pero la realidad es que por la tarde, entre fiebres y delirios, Prim falleció.

Desde el principio se apuntó a que fue Paúl y Angulo el autor material de los hechos, acompañado de sus fieles; pero no se logró prueba alguna concluyente hacia ese lado. Del mismo modo, se apuntó a la autoría intelectual del duque de Montpensier, quien podría salir más beneficiado del socavamiento a la nueva monarquía. También se mentó al general Serrano, enemigo político de Prim, a los empresarios que veían en riesgo sus negocios en Cuba... Quedaba claro que muchos brindaron aquel día y que otros se lamieron las heridas. El principal, quizás, el futuro rey Amadeo, que ese mismo día había desembarcado en Cartagena.

Cuando tres días después llegó a Madrid, antes de ser proclamado rey, pasó a rezar ante el cadáver de Prim en la basílica de Nuestra Señora de Atocha. Sin su protector, su convulso reinado duraría dos años, tras los cuales llegó la Primera República española.

A los siete años del asesinato, y tras una investigación oficial de 18 000 folios, se cerró el caso sin ningún acusado.

EL ÚLTIMO DUELO DE
BILLY EL NIÑO

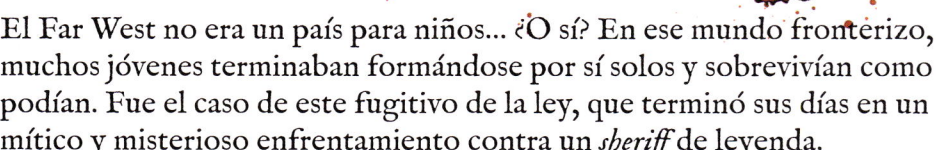

MEJOR LA LEYENDA QUE LA REALIDAD

El Far West no era un país para niños… ¿O sí? En ese mundo fronterizo, muchos jóvenes terminaban formándose por sí solos y sobrevivían como podían. Fue el caso de este fugitivo de la ley, que terminó sus días en un mítico y misterioso enfrentamiento contra un *sheriff* de leyenda.

INFORME BK-147/81

Fort Sumner es un lugar inhóspito de la frontera de Nuevo México. Hasta allí llega Pat Garrett, representante de la ley. Su objetivo, y lo va a conseguir, es atrapar, vivo o muerto, al mítico Billy el Niño.

FECHA
14 de julio de 1881.

MOTIVACIÓN
Persecución judicial.

ESTATUS DE LA VÍCTIMA
Pistolero y enemigo público número uno.

NÚMERO DE VÍCTIMAS
Una.

REPERCUSIÓN
Un criminal, un forajido, pasa a convertirse en una leyenda.

¿HAY SOSPECHOSOS?
Lo que hay es la sospecha de que, en realidad, haya muerto Billy el Niño. ¿Lo dejó escapar Garrett?

MEDIO OESTE DE Estados Unidos, último tercio del siglo XIX. Nos parece que ese territorio lo hemos visitado varias veces, hay un género cinematográfico dedicado a ese tiempo, a ese lugar. Es lo que tiene ser uno de los mitos fundacionales del país que acuñó al Séptimo Arte. Hace un sol de justicia en Nuevo México, ni un alma al mediodía, tan solo los relinchos de unos caballos atados a los postes de la lavandería de un pueblo malhadado. Se oyen unos disparos y unos hombres salen corriendo, desatan los caballos, se dan a la fuga. Congelamos la imagen y zum. Uno de ellos es Patrick Henry McCarthy.

Él prefiere que lo llamen William H. Bonney; para nosotros será Billy el Niño.

Infancia sin futuro

Nuevo México era sinónimo de frontera, un lugar de enfrentamiento, entre suristas y unionistas, entre anglosajones e hispanos, entre todos ellos y los indios. Mal lugar para criar a unos hijos en el amor y la empatía.

A ese mundo, años antes, había llegado la familia McCarthy, de origen irlandés. Primero pasaron por Nueva York, donde nació Patrick Henry en 1859. Como tantos otros, fue solo la puerta de entrada y se encaminaron hacia el Oeste. Mejor los peligros de la frontera que la hambruna mortal en Irlanda, cualquier cosa mejor que aquello. Patrick pronto se quedó huérfano de padre (en un duelo), su madre se volvió a casar y ella murió (tuberculosis). El padrastro abandonó a los dos hermanos McCarthy. Y en la frontera no hay servicios sociales. Solo oportunidades, dirían los optimistas, y capacidad de supervivencia, los demás.

Su capacidad de supervivencia fue mayor de lo esperado. No por cantidad de años –como veremos–, sino por cantidad de vivencias. A los 14 años se buscó un techo y comida en una pensión a cambio de trabajo como lavaplatos. A los 15 –era cuestión de tiempo– sus primeros robos: lo pillaron in fraganti y fue arrestado por alguno de ellos. Cosas de poca monta, para comer en muchos casos: pobre chico, un tirón de orejas y para casa, que no se vuelva a repetir... Pero todos sabían, unos y otros, que nunca sería la última.

La ley de la frontera

Hubo un momento en el que Patrick (todavía lo llamaremos Patrick, tan solo por unas líneas) buscó a su padrastro y le pidió refugio. William Antrim –así se llamaba– se lo concedió por un corto periodo de tiempo. Quizá ese hubiera podido ser un momento bisagra, una oportunidad para el amor familiar, para el respeto y la convivencia, al menos... Pero estamos siendo muy ingenuos. Es el Oeste americano. Será Billy el Niño. Lo más normal acabó sucediendo: Antrim lo echó de casa, su hijastro le robó unas prendas de ropa y un par de armas. Lo justo para sobrevivir.

Las malas compañías no le faltaban. No nos engañemos: él también era ya una pésima. En 1876, fue contratado como peón, pero junto con un compañero complementaba su jornal con el robo de caballos de soldados. Fue por entonces cuando comenzó a hacerse llamar William H. Bonney, el nombre que devino popular. Joven, atlético, barbilampiño, aseado –lo que se podía en la época– y precoz porque la vida lo hizo así, lo suyo es que lo conocieran como Billy, Billy *the Kid*.

Ferrotipo de 1879 o 1880, única imagen certificada de Billy el Niño.

En 1877, su primer muerto. Fue en –ironías del destino– Bonita, Arizona. A cierto herrero le gustaban los andares del joven vaquero, al que acosaba. Un día se enzarzaron en una discusión, se oyen los típicos insultos en inglés que todos conocemos, el enorme herrero que se abalanza sobre Billy, dos hombres rodando, un solo revólver... Fue el de Billy el que sonó, disparado por su dueño. Aquel hombre murió, detuvieron a Bonney, pero al día siguiente, escapó. Primero, porque empezaba a demostrar un talento especial para las fugas. Segundo, porque nadie se tomaba realmente en serio aquel rifirrafe. Era él o el otro, todos lo sabían. Era una justa lucha por la supervivencia. Era el Lejano Oeste.

Lucha de vaqueros

Y en aquellas tierras había guerras cruentas, como la del Condado de Lincoln, de las que forjan la leyenda –oscura, más bien negra– del Lejano Oeste. Bonney entró al servicio, como vaquero, del empresario y ganadero inglés John Tunstall, a quien tomó verdadero cariño. Aquel hombre era un potentado, pero había otros –ay, de origen irlandés– por la zona. Y, ya se sabe, Lincoln era demasiado pequeño para ellos, solo había sitio para uno de los dos. Los que dispararon primero fueron los de la pandilla de los irlandeses, que mataron a Tunstall. Bonney juró venganza y se unió al grupo de forajidos conocido como los Reguladores, a sueldo de los Tunstall. Buena compañía cuando se trata de encontrar y matar a alguien. Eso fue lo que hicieron con los asesinos de Tunstall.

El alguacil de Lincoln, a sueldo del clan irlandés, partió con sus hombres en busca de Billy, pero también halló la muerte en un tiroteo para la leyenda. Semanas más tarde se desencadenó la batalla de Lincoln, el episodio más recordado dentro de aquella guerra. Durante cinco días, miles de proyectiles volaron y hubo varias muertes. Por supuesto, Bonney se las arregló para salir ileso.

REWARD

($5,000.00)

Reward for the capture, dead or alive, of one Wm. Wright, better known as

"BILLY THE KID"

Age, 18. Height, 5 feet, 3 inches. Weight, 125 lbs. Light hair, blue eyes and even features. He is the leader of the worst band of desperadoes the Territory has ever had to deal with. The above reward will be paid for his capture or positive proof of his death.

JIM DALTON, Sheriff.

DEAD OR ALIVE!
"BILLY THE KID"

Uno de los carteles de «Se busca» de Billy el Niño. Se sabe que fue un pistolero de precisión extraordinaria, que jugaba muy bien a las cartas y que hablaba con fluidez el español.

Para entonces, Billy *the Kid* ya era un habitual de los prensa sensacionalista de la época. Hasta hacía las delicias de los «civilizados» habitantes de la costa oeste, con sus bombines, a quienes escandalizaban/encantaban las andanzas de uno de los suyos (recordemos que nació en Nueva York) en lugares tan inhóspitos. Los periódicos habían agrandado su figura, aunque la realidad era que Bonney malvivía escondido y con el crimen como medio de vida. Intentó conseguir algo parecido a un indulto colaborando con la justicia –para testificar sobre un crimen en el que estaba envuelto otra leyenda de la época, Jesse Evans– y se dejó atrapar, previo acuerdo. Pero, cuando Bonney intuyó que la ley no iba a cumplir con su parte, se fugó. Otra vez.

¿La realidad?

Para entonces, la justicia estaba muy harta ya de Bonney y sus correrías. El gobernador de Nuevo México se decidió a ponerle precio a su cabeza: 500 dólares, una fortuna. Y nadie puso más empeño en llevárselo que Pat Garrett, el nuevo *sheriff* del condado de Lincoln.

Garrett sabía con quién se las tenía que ver. Fue compañero de andanzas cuatreras de Bonney. Habían sido algo parecido a amigos, pero Garrett interpretó a la perfección el papel de chico listo que sabe que ese camino no conduce a nada y se prepara unas oposiciones. Y se las saca: no hay peor cuña que la de la misma madera.

A finales de 1880, el alto, flaco y adusto Pat Garrett consiguió su objetivo y capturó a Bonney y a tres de sus acólitos. Tras unos meses de cárcel, Billy el Niño fue condenado a la horca por asesinato del antiguo *sheriff* de Lincoln el 13 de abril de 1881.

Durante un par de semanas esperó el cumplimiento en la cárcel de Lincoln. Una tarde se quedó solo con un carcelero (Garrett se había ido a recaudar impuestos). Pidió usar la letrina. Su carcelero lo condujo a ella encañonándolo por detrás, pero se escondió tras una esquina, se quitó las esposas y golpeó a Bell con el extremo suelto. Durante la pelea que siguió, Bonney agarró el revólver de Bell y le disparó en la espalda. En su huida, mató a otro agente.

Durante tres meses, Billy el Niño se refugió en Fort Sumner, no muy lejos de Lincoln. Hasta que alguien habló de más –o Garrett hizo bien su trabajo– y el agente de la ley supo que Billy descansaba en el rancho de su amigo Pete Maxwell. La noche del 14 de julio de 1881 los hombres de Garrett rodearon la casa y él entró. El *sheriff* encontró a Maxwell. Le preguntó por el pistolero, y este replicó que vivía cerca, pero no en su casa. Entonces asomó una figura que preguntó, en español: «¿Quién es?». Al reconocer la voz de Bonney, Garrett sacó su revólver y disparó dos veces. La segunda falló; daba igual: la primera golpeó a Bonney en el pecho justo encima de su corazón.

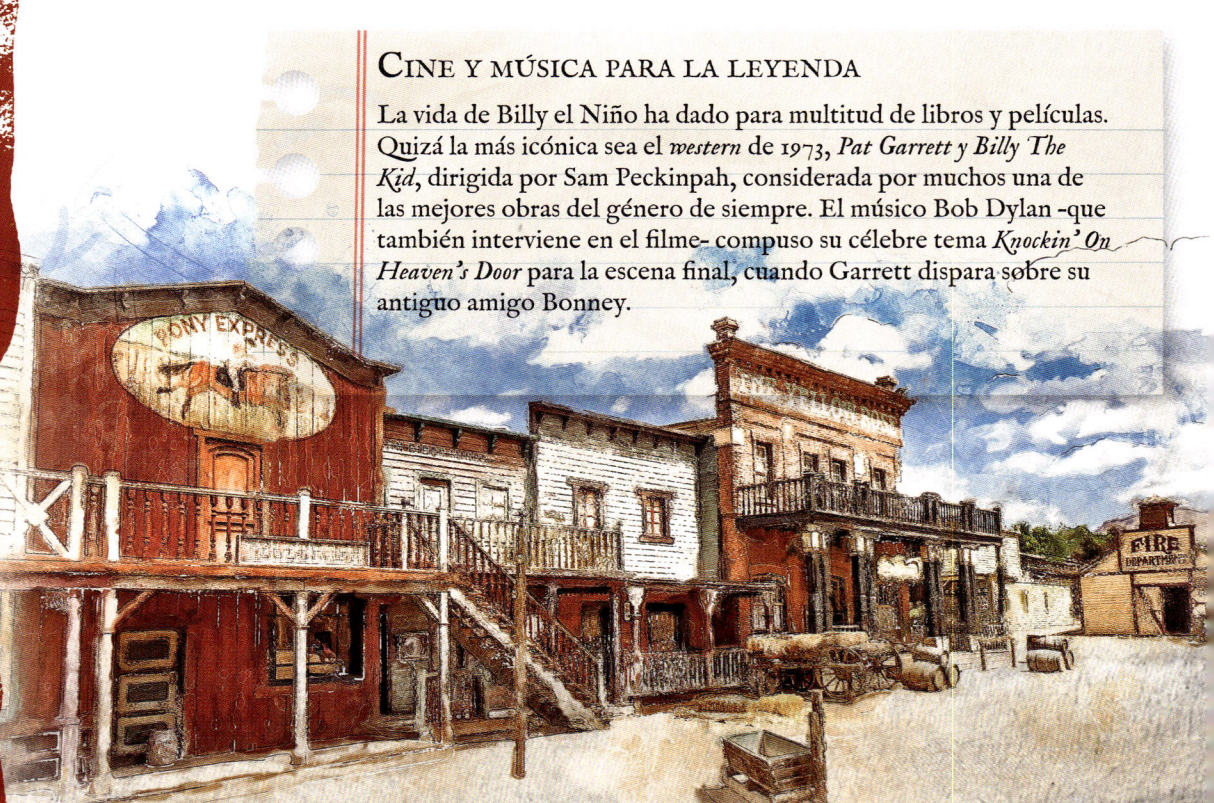

Cine y música para la leyenda

La vida de Billy el Niño ha dado para multitud de libros y películas. Quizá la más icónica sea el *western* de 1973, *Pat Garrett y Billy The Kid*, dirigida por Sam Peckinpah, considerada por muchos una de las mejores obras del género de siempre. El músico Bob Dylan -que también interviene en el filme- compuso su célebre tema *Knockin' On Heaven's Door* para la escena final, cuando Garrett dispara sobre su antiguo amigo Bonney.

Grabado de la época que representa uno de los enfrentamientos armados de Bonney.

La leyenda

Los forenses reconocieron el cuerpo de Bonney y este fue enterrado en el mismo Fort Sumner, donde aún hoy podemos encontrar su lápida. Pero pronto surgió la leyenda y la razón por la que Billy el Niño habita en estas páginas.

Durante los siguientes 50 años, varios hombres afirmaron ser William H. Bonney. Nada extraordinario que no haya ocurrido otras veces. Sin embargo, alguna de esas afirmaciones parecieron tener una base sólida. Y algún romántico quiso recordar que Billy y Pat fueron amigos tiempo atrás y que un antiguo compañero de correrías jamás mataría a sangre fría a uno de los suyos. Aquel cadáver, pues, no tenía por qué ser el de Bonney. Serviría con que se pareciese a él y con que Garrett diese fe a los forenses.

¿Podría William H. Bonney haber escapado, haberse reformado, casado, tener hijos y morir tranquilo bajo el porche de su hogar, en un inmenso rancho de, pongamos, Colorado? Dicen en una escena de la inmortal *El hombre que mató a Liberty Valance* (John Ford, 1962): «Esto es el Oeste. Cuando la leyenda se convierte en realidad, mejor publica la leyenda». Eso hacemos.

En 2010 se pretendió indultar a Billy el Niño, pero se impuso el «no» de los descendientes de los asesinados por el pistolero.

Parte II

PECADOS SIN CASTIGO

EL PELIGROSO SIGLO XX

EL PLANETA NO HA CONOCIDO MÁS MUERTES VIOLENTAS QUE EN EL ATRIBULADO SIGLO XX. Y NO SOLO POR LAS DOS GUERRAS MUNDIALES. EL AUMENTO DE LA POBLACIÓN, LA PROLIFERACIÓN DE ARMAS –Y DE MALOS EJEMPLOS– PROPICIARON MÁS CRÍMENES. Y DE TODO TIPO.

MUERTE AL MONJE LOCO:
RASPUTÍN

ASCENSO Y CAÍDA DE UN TIPO RARO

El de Rasputín es un crimen que genera más preguntas en el cómo que en el quién. En el por qué, no hay ninguna: molestaba. Y no tanto por su aspecto intimidante -que ya era- sino porque tenía a la familia imperial comiendo de su mano. ¡Lo que había que aguantar!

INFORME GR-1712/16

En San Petersburgo, todo está helado en diciembre. Un agujero en el río Neva deja ver un cuerpo que flota. Es el cadáver de Rasputín, el hombre que dicen que maneja a los zares de Rusia. Alguien tiene que sentirse muy aliviado.

FECHA
17 de diciembre de 1916.

MOTIVACIÓN
Conjura política.

ESTATUS DE LA VÍCTIMA
Consejero de los zares y curandero del zarévich.

NÚMERO DE VÍCTIMAS
Una.

REPERCUSIÓN
La figura de los zares se erosiona aún más y se acerca el período revolucionario en Rusia.

¿HAY SOSPECHOSOS?
Se sabe que es una conjura interna. Pero ¿participó también alguna potencia extranjera?

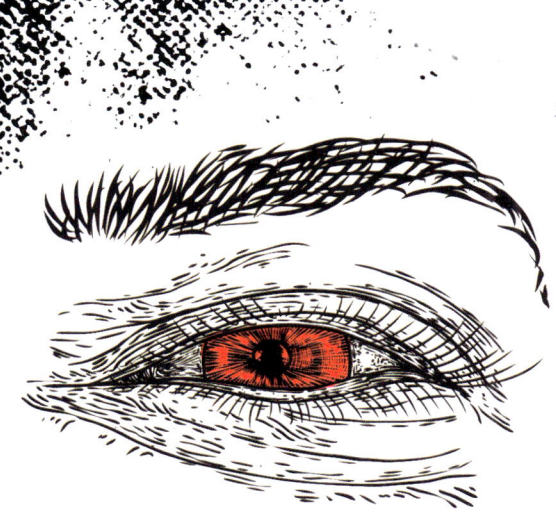

LOS PRIMEROS AÑOS del siglo XX convirtieron a Rusia en un país sumamente inestable. Justo por entonces, un monje *loco* vino a añadir más caos y desconcierto. O, al menos, eso es lo que pensaban sus enemigos. Que los tenía, muchos y poderosos. Grigori Yefímomich Rasputín era un místico con ínfulas de sanador que, una vez presentado a la familia real Romanov, obtuvo una gran influencia sobre ella (en especial, sobre la zarina Alejandra). Su mirada penetrante, su capacidad de persuasión, su intrigante y desaforada vida sexual, su «no-a-la-guerra»... ¿Qué lo llevó a ser tan deseado y odiado? Fuera lo que fuese, le costó la vida. Y de una forma terrible.

De Siberia al gran mundo

No debemos negar la mayor: Rasputín tuvo mucho mérito. Porque era hijo de campesinos, porque estos campesinos eran siberianos y ninguna de esas dos características son las más deseadas para triunfar en el tablero de la vida. Nació un frío día –no tenemos datos, pero era enero: apuesta segura– de 1869. No se conservan apenas datos sobre su juventud, más que se casó en 1887 con una campesina rusa, que permaneció devota y fiel a su lado hasta la muerte de él, y con quien tuvo siete hijos.

No se sabe bien por qué, pero a finales del siglo XIX, Rasputín sufrió una especie de epifanía, su visión de la vida –cualquiera que fuese– cambió y orientó su vida hacia lo espiritual. Se ordenó monje, o eso daba a creer su aspecto. En su país recibió el nombre de *strannik*, un santo vagabundo o peregrino. En su comarca de Siberia organizó grupos de oración –acusados de infligirse autoflagelaciones y de lamerse luego las heridas en orgías– con fieles que lo adoraban.

Estos sugerentes hechos y, sin lugar a dudas, el carisma único de Rasputín lo convirtieron en un personaje célebre en Siberia. Aún lejos del oeste ruso, donde se *cocía* todo lo que era de interés político o económico, Rasputín se mudó a

Kazán, donde su fama creció. Allí se granjeó amistades que resultaron claves para su asalto a San Petersburgo.

Esa era la capital del imperio y sede de la corte. Era aquella una época en la que el ocultismo y el espiritismo estaban de moda entre la aristocracia. Terreno abonado para que los tipos raros y oscuros –¿han visto las fotos, por favor?– parecieran algo más que eso. Paciente, sabedor que su fama era la adecuada en el lugar correcto, esperó como una araña a que la caza mayor cayese en su tela.

Mano derecha de los zares

Eso fue lo que pasó el 1 de noviembre de 1905. Conoció al zar Nicolás II en el palacio Peterhof y ya nada fue igual. El zarévich Alexei Nikolaevich padecía hemofilia y Rasputín se alzó, a ojos de la familia real, como el único curandero con capacidad para sanar a su hijo. Y –el porqué es otra historia– la realidad es que el pequeño príncipe sanó, por una u otra cuestión. Pero a los ojos de la familia real –en especial, de la zarina Alejandra– aquel hombre había ascendido a santo.

Rasputín, en 1910.

Así que de Siberia a mano derecha de la zarina y tutor, de facto, de sus hijos. El *Pepito Grillo* de los Romanov, quienes aún dirigían el imperio a la antigua, una Rusia que estaba a punto de implosionar por la impericia de sus dirigentes. Alguien venido de la nada, que aparentaba influir más en Rusia que la cohorte de aristócratas clásica. ¿Quién se habría creído que era ese campesino arribista, decían las élites políticas, *puenteadas* por Rasputín?

En 1915, el zar dejó San Petersburgo para pasar revista a las tropas que participaban en la Gran Guerra y Rasputín y Alejandra tomaron, si cabía, más poder. Aquello ya era demasiado, pensó más de uno. Unos cuantos, en realidad. *Algo* había que hacer.

Rasputín debe morir

Rasputín ya había sufrido un intento de asesinato a mediados de 1914, cuando una campesina lo apuñaló en el estómago en una visita a su Pokrovskoye natal. Al parecer, actuaba instigada por un predicador enemigo de Rasputín.

LA IMPOPULARIDAD DE LOS ZARES

Como era de esperar, el monje se ganó la ojeriza de la corte: empezó a influir en polémicos nombramientos de ministros, por su oposición a la entrada de Rusia en la Primera Guerra Mundial y, también, por su disoluta vida sexual. Aquello producía más envidias aún que críticas.

Los oligarcas rusos creían que Rasputín tenía contactos con agentes secretos alemanes para trazar una paz secreta que los sacase de la contienda. A aquello se sumaba el hecho de que la zarina Alejandra fuese de origen alemán (su nombre de soltera era Alix de Hesse-Darmstadt): se empezó a extender por el pueblo el rumor de que hacía las veces de espía para las potencias extranjeras.

Caricatura de Rasputín, el zar y la zarina, en 1916.

Sobrevivió, lo cual revirtió en su aura de hombre místico, sobrenatural.

Eso no amedrentaba a la aristocracia rusa; o, si lo hacía, les daba menos miedo que la amenaza de que aquel hombre permaneciese más tiempo en el poder. Solo era cuestión de tiempo que algunos de ellos se conjurasen.

El más exaltado enemigo del monje era Valdimir Purishkévich, un político de extrema derecha de la Duma Imperial de Rusia, un fascista de primera hora, antes de que esa ideología se extendiera por Europa. De hecho, fue parte de las Centurias Negras, la primera organización fascista europea. El príncipe Félix Yusúpov –de la familia más rica de Rusia, por encima incluso que los Romanov– no le iba a la zaga en inquina, aunque su trato personal con Rasputín era bueno. A ellos se les unió el gran duque Dimitri Pavlovich, primo de Nicolás II. Entre los tres representaban a los políticos, aristócratas y militares incapaces de soportar más la situación. Urdieron *algo* para la noche del 16 de diciembre (según el calendario juliano aún vigente en Rusia entonces).

El plan partía de sacar a Rasputín de sus aposentos –el monje ya sospechaba de todos– gracias al prestigio de los Yusúpov. Félix lo invitó a su suntuoso palacio a las orillas del Neva y Rasputín mordió el anzuelo. Ambos salieron del apartamento del monje en el número 64 de la calle Gorojovaya, dentro del coche del doctor Lazavert –otro de los conjurados–, camino del palacio Yusúpov.

Yusúpov condujo a Rasputín a una estancia en los sótanos. Pese a estar bien insonorizada, se descartó, de primeras, el uso de armas de fuego, dado que muy cerca se levantaba un cuartel policial. Los conspiradores optaron por el silencioso

Un modelo de la pistola con la que ejecutaron a Rasputín. Es el revólver Mark V Webley, un arma que solían emplear los agentes del Servicio Secreto Británico.

cianuro mezclado en unos pasteles preparados para la ocasión. El monje parecía más interesado en tocar canciones con la guitarra que en comer –no le gustaban los dulces– pero acabó devorando algunos de ellos.

Pero Rasputín solo mostraba algo de sueño. Desesperado, el príncipe buscó una excusa y subió las escaleras para reunirse con el resto de conjurados. Decidieron cortar por lo sano: Yusúpov tomó el arma de Dimitri Pávlovich y regresó al sótano. «Grigori Efímovich», le dijo, «será mejor que mire a su crucifijo y rece». Disparó al pecho del monje que parecía inmortal. Cayó a plomo sobre la piel de un oso polar, que ejerció tanto de alfombra como de testigo mudo.

Los conjurados subieron al piso superior para deliberar sin la siniestra presencia del cadáver. Al poco, Yusúpov bajó a comprobar el estado del cadáver. Se arrodilló, le tomó el pulso... Y entonces observó un ligero temblor en los párpados... Rasputín abrió sus ojos, más profundos que nunca, y lo agarró por el cuello. Alertado por los gritos, Purishkévich decidió bajar y vio cómo Rasputín, que ya había subido las escaleras, se disponía a abrir la puerta y salir a la oscuridad de la noche. Lo persiguió, le disparó varias veces y acertó dos de ellas. Sobre el suelo, se cree que un tercer tirador lo remató con una bala en la frente.

Los conspiradores envolvieron el cadáver. En un coche, se alejaron del centro de la ciudad para tirar el cadáver al río Neva. Cuando encuentran un agujero en el río helado, allí lo arrojan.

Final turbio

El 18 de diciembre hallan el cadáver. Ese mismo día se practica una autopsia que deja más cabos sueltos que atados. Dice la leyenda que se encontró agua en los pulmones del monje: aún no había muerto del todo cuando lo llevaron al agua. Tras sobrevivir a tres disparos, Rasputín habría muerto ahogado.

Los pormenores del asesinato de Rasputín se basan en la confesión que Félix Yusúpov –que llegó a ser un notable escritor– realizó en sus *Memorias*. Se duda de su total fiabilidad, hay un exceso de *literatura*, se asemeja demasiado a un

Exterior del palacio Yusúpov, frente al helado río Neva.

De izquierda a derecha: el príncipe Félix Yusúpov, el gran duque Dimitri Pavlovich y Valdimir Purishkévich.

relato de terror. La autopsia –cuyo informe desapareció y solo sabemos de ella indirectamente– no confirmó la presencia del veneno. Sí que los disparos llegaron de tres armas distintas. Una investigación ya en el siglo XXI apuntó a que el disparo en la frente –realizado por un revólver Mark V Webley, modelo exclusivo de los servicios secretos británicos– fue obra del espía británico Oswald Rayner, destacado en San Petersburgo y asiduo en el palacio Yusúpov. También se dijo que la Gran Duquesa Tatiana, a quien Rasputín habría violado tiempo atrás, estuvo presente y presenció cómo, en venganza, castraron al monje. Habladurías no faltaron, ni siguen faltando.

Rasputín fue enterrado junto al palacio de Tsárskoye Seló, en enero de 1917. Tras la Revolución de Febrero, se ordenó desenterrarlo y fue quemado en el bosque de Pargolovo, donde se dijo que esparcieron sus cenizas. También se cree que fue incinerado en los hornos del Instituto Politécnico del norte de la ciudad.

Todavía en el siglo XXI continúan apareciendo teorías sobre la muerte de Rasputín y la posible participación de potencias occidentales.

A la derecha, recordatorio a Rasputín en el parque de Alexander, en Tsárskoe Seló (a las afueras de San Petersburgo), donde durante algún tiempo estuvo su tumba.

EL ASESINATO MÁS REAL:
LA FAMILIA ROMANOV
FIN AL FIN DE UNA ERA

En el país más extenso del mundo, este fue el crimen más decisivo del siglo. Aunque las autoridades soviéticas lo arrinconaron en los libros de historia, tras el derrumbe de la URSS aparecieron nuevas investigaciones que aclararon qué pasó con los cuerpos de toda una familia real, los últimos Romanov en el poder.

INFORME NR-177/18

Es verano en Ekaterimburgo, la ciudad más procomunista de Rusia. Allí vive, bajo custodio, la antigua familia real rusa. Los llevan al sótano de la casa donde están confinados. Se oye un intenso tiroteo y gritos de niños…

FECHA
17 de julio de 1918.

MOTIVACIÓN
Política.

ESTATUS DE LA VÍCTIMAS
Depuesto zar de Rusia y su familia y herederos.

NÚMERO DE VÍCTIMAS
11.

REPERCUSIÓN
Los soviets se aseguran que ningún Romanov reclamará el trono en el futuro.

¿HAY SOSPECHOSOS?
Se conocen los autores materiales, pero… ¿los intelectuales? ¿Fue con o sin el consentimiento de Lenin? ¿Fue orden suya?

LA RUSIA DE 1917 no hacía prisioneros. O sí, y de todo tipo. Pero en tiempos turbulentos, muchos de ellos no llegaban a salir de su presidio. Que se lo digan a Nicolás Romanov y su familia (y su séquito). El *ciudadano* Nicolás, otrora Nicolás II, zar de todas las Rusias, pudo dar fe de ello apenas unos meses después de su abdicación. El asesinato de los últimos Romanov fue, durante décadas, uno de los más misteriosos del último siglo. La ciencia, en la actualidad, ha ayudado a esclarecerlo.

Los Romanov

De Miguel I de Rusia, el primer monarca de la dinastía, al citado Nicolás II, van más de tres siglos (1613-1917) de mandatarios Romanov. Algunos de ellos se mantienen firmes y gloriosos en la orgullosa memoria de los rusos, como Pedro I el Grande o Catalina II la Grande. A otros, ese calificativo de *Grande* les viene... holgado. Es el caso de nuestro Nicolás. Fue el hombre equivocado en la época más turbulenta. En un país al borde del caos, se convirtió en la pieza más fácil de cobrar.

Un buen gobernante debe de tener decisión e imaginación y Nicolás carecía de ambas aptitudes. Parecía ignorar las necesidades reales de su país y tampoco hacía grandes esfuerzos para entenderlas. Era como si su *trabajo* no le interesase. No sabía muy bien cómo ejercer su infinito poder. Solía dilatar la toma de sus decisiones hasta el último momento, para después dictar el último consejo recibido. Había un dicho malicioso por la corte imperial que ilustraba muy bien esto:

—¿Cuáles son las dos personas más poderosas de Rusia?

—El zar y la última persona que haya hablado con él.

El desprestigio de una dinastía

La Primera Guerra Mundial fue otra gran piedra en la mochila del zar. Las tropas sufrieron graves derrotas y estremecedoras bajas. Rasputín parecía mandar más que él, al menos hasta el asesinato del monje en 1916. Todo ello le confería una pátina cada vez más impopular. No ayudaba su patológico inmovilismo, su alergia a los cambios y al progreso, ni que, pese a lo anterior, siguiese creyendo con firmeza en su derecho divino a reinar.

Pero si él no cambiaba, los tiempos sí. La Revolución de Febrero de 1917 le obligó a abdicar, algo que semanas antes no se habría atrevido a imaginar. De primeras pensó en hacerlo en favor de su hijo Alekséi, pero la mermada salud del zarévich y la imparable marea social lo impidieron. El 2 de marzo renunció a sus derechos y a los de la dinastía, poniendo fin a tres siglos de historia de los Romanov.

Pero... ¿Qué se hace con un monarca depuesto y toda su familia? En Europa no se atrevieron a darles asilo y el líder moderado Kerenski los envió a una mansión en la Siberia occidental. Cuando, tras la Revolución de Octubre, los bolcheviques tomaron el poder, se valoraron tres opciones:

La familia Romanov, en 1913. De izquierda a derecha: Olga, María, Nicolás II, Alejandra, Anastasia, Alekséi y Tatiana.

La Casa Ipátiev, en mayo de 1918, escoltada por soldados.

1. Mandarlos al exilio.
2. Someterlos a juicio público por los crímenes que se les atribuían.
3. Hacerlos «desaparecer», para evitar mártires y referentes del sentir monárquico.

Algunos mandamases, como León Trotski, apostaban por la segunda. Pero no fue eso lo que sucedió.

La masacre

Los mandaron a un gran edificio de Ekaterimburgo –la ciudad comunista y antizarista por antonomasia–, conocido como la Casa Ipátiev, en abril de 1918, junto con algunos sirvientes. Allí solo tenían permitido hablar en ruso, estaban sometidos a una estrecha vigilancia y se les otorgaban raciones similares a la de los soldados que los custodiaban. A estos debían pedirles permiso para ir al baño. No había que ser muy perspicaz para saber que las cosas no iban bien para los Romanov.

Rusia estaba en plena guerra civil aquel verano del 18. Los rusos blancos disputaban a los bolcheviques el control de Ekaterimburgo. Cabía la posibilidad de que les arrebatasen la ciudad y de que rescatasen al zar y a sus herederos. Quizá fue el aliento del Ejército Blanco lo que precipitase que, la madrugada del 17 de julio, el comandante Yákov Yurovski, a cargo de la casa Ipátiev, despertase de manera intempestiva a los Romanov. Los condujo a un sótano de la casa, con la excusa de un traslado por su seguridad. Cuando tuvo encerrados a los siete Romanov y a sus cuatro acompañantes, les leyó el siguiente comunicado:

La Dirección General del Soviet Regional, satisfaciendo la voluntad de la revolución, ha decretado que el antiguo zar Nicolás Romanov, culpable de incontables crímenes contra el pueblo, debe ser fusilado.

De izquierda a derecha: Yákov Yurovski, Yákov Sverdlov y Filipp Goloshchokin. Abajo, una Mauser idéntica a la que empleó Yurovski contra el antiguo zar.

Acto seguido, empuñó su Mauser C96 contra Nicolás y disparó. Sus hombres abrieron fuego a discreción contra todos los demás. El humo de las armas no les permitía ejecutar con precisión, el ruido ensordecedor abrumaba los oídos. Cuando la humareda empezó a desvanecerse y el sentido del oído a recobrarse, vieron que los hijos del zar apenas estaban heridos, y que gemían. Entonces Yurovski ordenó a sus hombres que calaran las bayonetas y los matasen a golpes y a cuchillazos. Pero esa no debía de ser la noche de aquellos soldados, quizá tan solo campesinos dispuestos a ganarse el favor de los nuevos tiempos. Como aquello tampoco resultó, tuvieron que ir rematando, uno a uno, a los jóvenes.

Al acabar aquella carnicería, después de 20 minutos y unas 70 balas, se llevaron a los cadáveres a un bosque a las afueras de la ciudad. Allí los enterraron, no sin mucho trasiego y tras arrojarles ácido sulfúrico y descuartizarlos con espadas en pequeños trozos. Nueve cadáveres fueron a parar a una fosa, otros dos a otra.

El monasterio levantado por la iglesia ortodoxa en honor a los Romanov ante la mina de Ganina Yama, donde durante muchos años se pensó que allí se habían esparcido sus cenizas.

La verdadera Anastasia Romanova.

EL BULO DE ANASTASIA

El asesinato de los Romanov aumentó su leyenda con una historia que hizo las delicias de la prensa: rosa, amarilla y de cualquier otro tipo. En la década de 1920 aparecieron varias mujeres que afirmaban ser Anastasia Romanova. Corría el rumor de que la hija menor de Nicolás y Alejandra había sobrevivido a la masacre. La «pretendiente» más famosa fue una mujer llamada Anna Anderson. Durante más de 60 años -y un larguísimo pleito legal en Alemania- clamó que era la gran duquesa. Tras su muerte, se pudo comprobar por pruebas de ADN que mentía. O no del todo, no para ella: tan solo fue Franziska Schanzkowska, una obrera polaca con un historial de enfermedades mentales. En 2007 se encontró otra fosa con los dos cadáveres que faltaban, cercana a la de los otros nueve: las pruebas determinaron que eran los de Anastasia y su hermano pequeño, Alekséi.

El misterio

¿Por qué un crimen con tanto detalle en sus horas finales aparece en un libro de crímenes sin resolver?

Desde un punto de vista histórico, este ha sido uno de los crímenes más polémicos de la historia. Durante decenas de años, ofreció demasiados rincones oscuros. En primer lugar, la autoría intelectual del crimen múltiple. ¿Fue una orden autónoma del Soviet de los Urales, a cargo de Filipp Goloshchokin? ¿O siguieron órdenes de Moscú, en concreto de Yákov Sverdlov, a su vez instruido por Lenin? En sus diarios, León Trotski apunta sin miramientos a esta opción, ya que afirma que fue el propio Sverdlov quien se lo confirmó. Pero no existen mayores pruebas.

Además, está la cuestión de la identificación de los cadáveres. En 1979 se encontraron unos restos, pero el Gobierno soviético lo silenció. Tras la *perestroika* se efectuaron investigaciones más a fondo, que lograron reunir, ya en 2007, todos los cuerpos, identificado cada uno de ellos con pruebas de ADN al 99,99 % de fiabilidad. Sin embargo, la iglesia ortodoxa rusa sigue sin reconocer que sean esos los restos, pese a la evidencia científica.

En 1998, los restos fueron trasladados con honores de Estado a la capilla de Santa Catalina de la Catedral de San Pedro y San Pablo de San Petersburgo. Miles de nostálgicos acudieron.

Estamos ante un claro ejemplo de cómo los avances científicos sirven para despejar incógnitas sobre un crimen, siempre que queden pruebas.

SE ACABARON LAS RISAS: VIRGINIA RAPPE

LA PRENSA DICTA SENTENCIA

En uno de los «crímenes» más polémicos de la historia de Hollywood, la muerte de la actriz Virginia Rappe mandó a juicio a Roscoe Arbuckle, el comediante más famoso -y rico- de su época. Aquí, más que quién mató a la chica, la pregunta pertinente era otra...

INFORME VR-59/21

San Francisco, años 20. Una fiesta por todo lo alto en un hotel de lujo termina de manera abrupta. Una joven yace dolorida en el suelo, con heridas de muerte. A su lado, sin saber bien qué decir, el actor más famoso de Hollywood.

FECHA DEL CRIMEN
5 de septiembre de 1921.

MOTIVACIÓN
En un principio, se afirmó que sexual.

ESTATUS DE LA VÍCTIMA
Aspirante a actriz.

NÚMERO DE VÍCTIMAS
Una.

REPERCUSIÓN
Roscoe Arbuckle desaparece de las pantallas y los periódicos amarillos venden y ganan más que nunca.

¿HAY SOSPECHOSOS?
Hubo un culpable en la prensa y en el público.

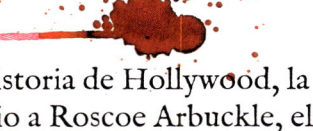

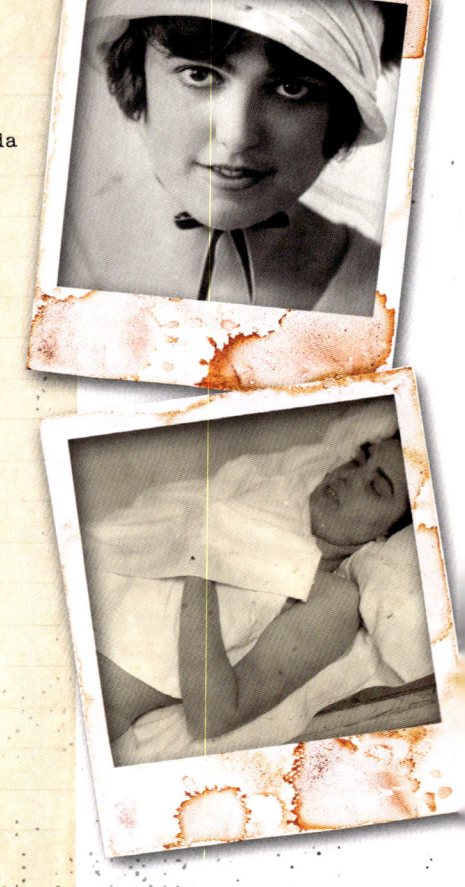

PLEITOS TENGAS, Y los ganes. Eso nos podría decir desde su eterno descanso Roscoe *Fatty* Arbuckle, con conocimiento de causa. También, con voz de ultratumba, que este es un *no-crimen resuelto*, pero para ello hay que leer más de esta historia que movió los cimientos de Hollywood y, por tanto, afectó a todo el mundo.

Una celebración... ¿por todo lo alto?

El camino del infierno está empedrado de buenas intenciones. Ducho en refranes, Arbuckle también podría salpimentar su relato con este. Vendría como anillo al dedo –o tapón a la botella, perdón por la gracia y el espóiler– para ilustrar la *filantropía* que inundaba a Roscoe aquel 5 de septiembre de 1921. Acababa de firmar con la productora Paramount el primer contrato de la historia que rebasaba el millón de dólares. Sí, *Fatty* era el actor más cotizado del momento, un cómico del *slapstick* –las comedias de golpe y porrazo del cine mudo– adorado por las masas. Gordito, ágil, con cara de niño travieso, no podías más que reírte viendo cómo lo perseguían tarta en mano para darle su merecido por alguna pícara jugarreta.

Fuera de cámara también le gustaba pasárselo bien. Por eso iba a celebrar, en el hotel Saint Francis de San Francisco, una fiesta loca en su honor. Él lo valía, y si no él, su nuevo contrato. Acompañado de dos de sus mejores amigos –o, al menos, de dos de los más atrevidos– reservó tres habitaciones: una, para *las* invitadas, las otras dos, para los *apartes*. Un hombre tan bien relacionado como Arbuckle solo tenía que levantar el teléfono para que esa sala común se llenase de chicas abiertas a todo por acercarse a un sueño. Una de las invitadas se llamaba Virginia Rappe.

¿El sueño de Hollywood?

Aquel día –aquel año– Virginia decía tener 25 veranos, pero eran en realidad 30. Más que una coquetería, era un truco, una artimaña venial para agarrarse a una edad aún permisible para triunfar en Hollywood, el sueño dorado de tantas otras como ella. Había nacido en Chicago, su madre murió a los 11 años y la crio su abuela. Hermosa, pronto fue a California a ganarse la vida como modelo. No le fue mal, en un principio (compartió cartel con Rodolfo Valentino), pero no llegó a cuajar y su estrella languidecía.

Roscoe sí, él tenía 34 y todo el mundo lo sabía, era hombre, consagrado y admirado, qué habría de temer. Con Virginia compartía los orígenes humildes y difíciles. Su madre sufrió en el parto: aquel bebé de seis kilos la dejó exhausta y le provocó constantes problemas de salud que acabaron con ella cuando Roscoe contaba con 11 años. Su padre pensaba que era un hijo ilegítimo y se desentendió de él. Pronto se dio cuenta de sus aptitudes cómicas y empezó a trabajar en espectáculos de vodevil. Pasó de sus payasadas juveniles a hacer reír a todo un país en apenas un decenio. Era ágil, tenía chispa y carisma. Cantaba endiabladamente bien. Dijo de él Enrico Caruso: «Que se deje de tonterías: que se dedique a cantar y podrá llegar a ser la segunda mejor voz del mundo».

Enrico Caruso, el gran tenor que acababa la ópera *Pagliacci* con la frase «La commedia é finita!».

La comedia se acabó

Cuando Rappe acudió a la invitación del hotel Saint Francis buscaba alegría, dinero o contactos para una nueva oportunidad, quién sabe. Lo cierto es que pasó a una de aquellas habitaciones privadas con el exultante Roscoe Arbuckle, el bromista, el de los golpetazos, el actor mejor pagado del mundo.

En la habitación 1219 pasaron un buen rato. Bastante tiempo, queremos decir, mientras en la habitación aledaña los invitados seguían con el baile, las drogas y el alcohol; la Ley Seca ya regía, pero sabemos que con dinero el alcohol se destilaba solo. Quizá de primeras no los oyeran, pero poco a poco unos gritos horripilantes que surgían de la habitación le ganaron protagonismo al charlestón. Se hizo el silencio y se precipitaron hacia la

Imagen promocional de Virginia Rappe.

puerta de la 1219. Los alaridos los profería Virginia, hecha un ovillo. Llamaron al médico del hotel, quien le recetó morfina y descanso. La fiesta terminó en anticlímax, como una mala comedia.

Empieza la tragedia

Dos días después, Rappe acudió al hospital, acompañada de una pretendida amiga que le había acompañado en la fiesta. Maude Delmont le dijo a un médico que Arbuckle había violado a su amiga. El médico no encontró indicios. Un día después, Virginia murió por peritonitis, con la vejiga rota.

Delmont aireó a todos –a la policía, sobre todo– que Rappe le había susurrado, antes de morir: «Fatty lo hizo». La policía tomó cartas en el asunto y detuvo a Arbuckle, quien a diferencia de lo que sucedía en sus películas, ni golpeó ni escapó. El escándalo estaba servido. Los periódicos se lanzaron sobre el asunto.

Hubo tres juicios en los siguientes nueve meses. Los dos primeros se declararon nulos. Antes de emitir el veredicto, muchos cines retiraron las películas de Arbuckle de las carteleras y Paramount rompió el contrato que los unía. En las salas que aún exhibían sus películas se acercaron exaltados que lanzaban objetos contra los carteles. Roscoe sufría en sus carnes el primer linchamiento de una estrella cinematográfica.

¿Y el tercer juicio? No era un proceso para dictaminar *quién-lo-hizo*, sino *cómo-lo-hizo*, o si, simplemente, *lo hizo*. Arbuckle gastó casi toda su fortuna en esta defensa. La acusación afirmaba que el actor había violado a Rappe con un trozo de hielo. Los periódicos convirtieron el hielo en una botella de champán o de Coca-Cola, algo mucho más gráfico. Pero también salió a relucir que Delmont no era tan amiga de Rappe, se habían conocido dos días antes. La joven tenía antecedentes por chantaje y se mostró un telegrama que

Roscoe Arbuckle en 1922.

Un periódico inglés de la época.

Así quedó la suite Suite 1221 del hotel Saint Francis tras la fiesta de Arbuckle.

EL PODER DE LA TINTA

La prensa amarilla fue quien más ganó con este caso. El magnate William Randolph Hearst declaró que el escándalo le hizo vender más periódicos que nunca. También dijo mucho de nosotros, los espectadores. Quedó claro que el público se emocionaba mucho más al ver caer las estrellas que al verlas brillar.

En 1960, a los 27 años de su muerte, Arbuckle recibió una estrella en el Paseo de la Fama de Hollywood por sus contribuciones a la industria cinematográfica.

mandó a unos amigos mientras Rappe yacía en el hotel: «Tengo aquí a Roscoe. Oportunidad de sacarle dinero». También se supo que Rappe había tenido un aborto programado en el mismo hospital donde murió tres días antes de la fiesta, cuyas cicatrices eran compatibles con las heridas y la peritonitis; y que sufría una gonorrea avanzada, agravada por el alcohol.

La defensa desmontaba la acusación de violación. Era muy probable que el mayor pecado de Roscoe hubiera sido arrojar su corpachón sobre el de una persona en malas condiciones. El jurado arrojó un veredicto sorprendentemente claro: «La absolución no es suficiente para Roscoe Arbuckle. Creemos que se ha cometido una grave injusticia y no había la más mínima prueba que lo relacione con la comisión de un delito. Le deseamos éxito y esperamos que el pueblo estadounidense asuma el juicio de 14 hombres y mujeres de que Roscoe Arbuckle es completamente inocente y libre de toda culpa».

Juicio paralelo

Pese a la rotundidad del jurado, el público, azuzado por los medios, había arrojado el suyo. Nuestro yacente Roscoe, tan aficionado a los adagios, citará ahora este tan periodístico: «No dejes que la verdad te arruine una buena historia». Exonerado por la justicia, Arbuckle ya estaba defenestrado socialmente. No volvió a trabajar en Hollywood con su nombre –solo lo hizo, de

Roscoe Arbuckle y su equipo de defensa, durante el juicio.

tapadillo, con pseudónimo– hasta poco antes de su muerte. Todos sus famosos amigos del cine –excepto Buster Keaton– le dieron de lado. La industria tomó también unos derroteros que definieron el cine venidero. El miedo a que el Gobierno interviniese y que el público se alejase los llevó a intentar lavar la imagen de depravación creada. En 1930 se terminó de aprobar el Código Hays, que amparaba la censura y la autocensura. Los locos años 20 dejaron paso a unas películas más conservadoras y pacatas.

Como no hay mal que 100 años dure (que diría nuestro Roscoe), el 28 de junio de 1933 recibió la noticia de que la Warner le ofrecía un contrato para protagonizar una película, tras 12 años fuera del foco de las cámaras. Aquella noche salió a celebrarlo y sufrió un infarto mortal mientras dormía. Lo suyo eran las bromas, no las fiestas.

Y hasta aquí un crimen que no se podía resolver, porque no lo había, pero que dejó dos víctimas (Rappe y Arbuckle) y que aún resuena en el Hollywood actual.

Este caso supuso uno de los mejores ejemplos de la capacidad de manipulación de la prensa.

Lápida que cubre la tumba de Virginia Rappe en el Hollywood Forever Cemetery, en Los Ángeles.

VIRGINIA RAPPE

1895   1921

ADIÓS A UN HÉROE NACIONAL:
MICHAEL COLLINS
TODOS LO QUERÍAN Y ÉL SOLO NO MURIÓ

Cuando Irlanda supo de la muerte de Michael Collins, todos se lamentaron. Los que estaban de su bando, y los otros. Todos sabían de su valía y de su utilidad para una Irlanda libre. Las guerras, especialmente las civiles, son malas para la razón y la coherencia.

INFORME MC-228/22

Condado de Cork, en plena guerra civil irlandesa. Michael Collins se mueve creyéndose intocable en su zona natal. Pero su patrulla se encuentra con unos soldados enemigos y lo atacan. Y no, una bala demuestra que no era intocable.

FECHA DEL CRIMEN
22 de agosto de 1922.

MOTIVACIÓN
Venganza política/reyerta armada.

ESTATUS DE LA VÍCTIMA
Ministro de Finanzas irlandés y comandante en jefe del Ejército del Estado Libre.

NÚMERO DE VÍCTIMAS
Una.

REPERCUSIÓN
El independentismo pierde a uno de sus héroes y aumenta la división interna.

¿HAY SOSPECHOSOS?
Fueron soldados del bando contrario de la guerra civil, pero hay dudas sobre el quién y el porqué; sobre todo, si fue planificado.

LA HISTORIA DE Irlanda goza de profundas y míticas raíces. Sin embargo, la Irlanda independiente y moderna que nosotros conocemos tiene poco más de un siglo. Hasta 1922 no se separó formalmente del Reino Unido, en un proceso largo, difícil y sangriento. Michael Collins fue uno de los principales impulsores de ese camino. Y, también, acabó aplastado por él. Su muerte, en cualquier caso, quedó plagada de sombras.

Un irlandés convencido

Mícheál Seán Ó Coileáin (su nombre irlandés) había nacido en 1890 en el condado de Cork, parte del Imperio Británico. Su familia había sobrellevado la terrible hambruna que la isla había sufrido a mediados del siglo XIX algo mejor que la media (entre los muertos por hambre y la emigración, Irlanda había perdido casi la mitad de su población).

En cualquier caso, el joven y brillante Collins demostró desde temprano su admiración por la causa nacionalista que, aunque silenciada por el dominio británico, latía cada vez con más fuerza. Aún adolescente, pero con un fuerte carácter e ideas muy claras, ingresó en la sociedad secreta Hermandad Republicana Irlandesa, una organización que buscaba la independencia. Pronto se vio que Collins iba a desempeñar un papel fundamental: alto, fuerte, expresivo, buen orador, más bien temperamental y sin miedo a la responsabilidad. El tipo de persona ideal para tiempos convulsos.

Su momento llegó con el Alzamiento de Pascua de 1916, fecha clave en el proceso de independencia irlandés. Unos 2 000 irlandeses trataron de tomar el control en las principales plazas del país –en Dublín, sobre todo–. El ejército británico sofocó la rebelión; sin embargo, se plantó la primera piedra de la futura independencia, y el joven general Collins dejó muestras de su valía. Estuvo a punto de ser fusilado, pero los ingleses le concedieron una amnistía.

Pieza clave

Desde entonces, Collins ocupó puestos destacados tanto en el Sinn Féin –un partido político que aglutinaba parte de las aspiraciones independentistas– como en el Ejército Republicano Irlandés (IRA).

En 1918, en las elecciones generales de diciembre, el Sinn Féin ganó con una victoria aplastante en Irlanda. El 21 de enero de 1919, de manera unilateral formaron un gobierno separatista (en una asamblea, la *Dáil Éireann*) y declararon la independencia de Gran Bretaña. Éamon de Valera, que dirigía tanto el Sinn Féin como el IRA, nombró a Collins ministro de Finanzas. Era un cargo más bien formal, ya que los ingleses seguían detentando el poder, pero Collins llegó a tomar decisiones arriesgadas e imaginativas, como una emisión de bonos para financiar a la nueva República Irlandesa. La URSS compró miles de títulos.

El gobierno inglés no se quedó de brazos cruzados y empezó a responder a las «provocaciones» de los independentistas. Empezó así la guerra de independencia irlandesa, que durante dos años y medio enfrentó al IRA y las fuerzas de seguridad británicas en Irlanda. Fue una escalada bélica en forma de guerra de guerrillas, que costó la vida a unas 2 000 personas de ambos bandos.

Ambas facciones firmaron una tregua en julio de 1921. Tras este alto el fuego, en diciembre se firmó un acuerdo (el Tratado anglo-irlandés) por el que Gran Bretaña accedía a conceder la independencia de Irlanda... En realidad, de la mayor parte de Irlanda. Seis de los nueve condados del Úlster, una de las provincias históricas irlandesas, tenían capacidad para quedarse bajo soberanía británica. Y eso fue lo que decidieron.

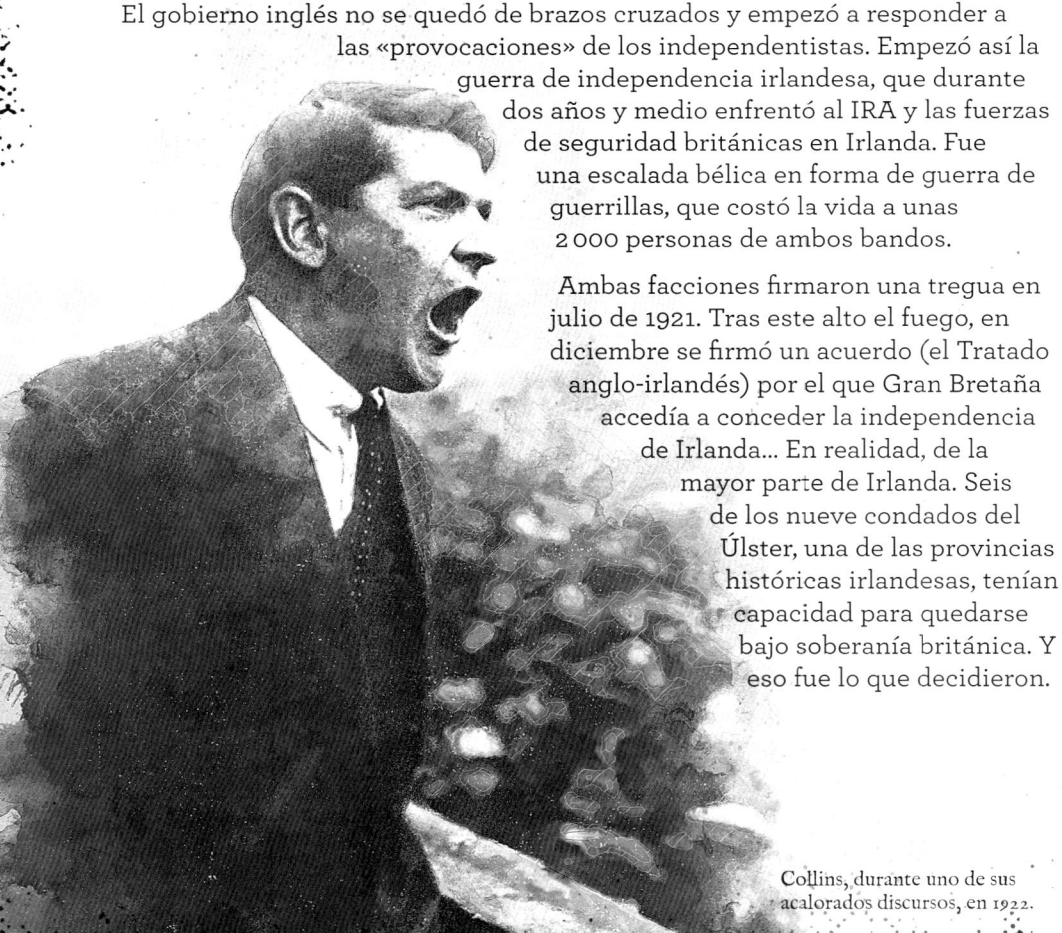

Collins, durante uno de sus acalorados discursos, en 1922.

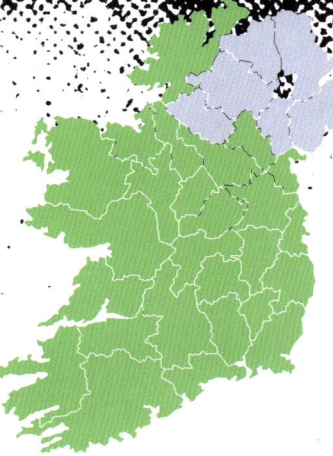

Arriba, Irlanda y los seis condados que permanecieron bajo la soberanía británica. A la derecha, portada de un periódico de Boston (donde hubo mucha inmigración irlandesa).

La guerra civil irlandesa

De nuevo, y como tantas veces a lo largo de la historia, la creación de una frontera iba a determinar el devenir de multitud de generaciones. El 6 de diciembre de 1922 se constituía, formalmente, el Estado Libre Irlandés. Sin embargo, la aceptación del mismo había abierto una herida incurable entre dos bandos de los propios republicanos irlandeses. Unos aceptaban esa frontera que dividía la isla como un mal menor, si acaso renegociable en un futuro. Otros no aceptaban esa premisa, aun a sabiendas de que podía provocar una nueva invasión británica. En el primer grupo se colocó Michael Collins. En el segundo, Éamon de Valera, que ya había sido elegido primer presidente de la República de Irlanda. Dos antiguos colaboradores a los que el Tratado había separado. Este acuerdo también conllevaba un «Juramento de Lealtad», por el cual se aceptaba seguir bajo la Commonwealth y que la jefatura del estado siguiese residiendo en los monarcas ingleses. Collins admitía que el tratado «No otorga la máxima libertad que todas las naciones aspiran y desarrollan, sino la libertad para lograr la libertad».

De Valera dimitió de su cargo. El movimiento independentista se dividió entre los pro-Tratado y los anti-Tratado. En realidad, había muchos matices y posibles puntos de entendimiento, pero aquello desembocó en una guerra civil, desde el verano de 1922 hasta la primavera de 1923, en la que hubo más de 3 000 víctimas. Una de ellas iba a ser Michael Collins.

Una. . . ¿emboscada?

En agosto de 1922, parecía que la guerra civil estaba llegando a su fin. El Estado Libre había recuperado el control de la mayor parte del país y Collins solía viajar por todo el territorio para inspeccionar zonas recientemente recuperadas de las fuerzas contrarias al Tratado. Era el comandante del recién creado

CONSECUENCIAS DE UN TRATADO POLÉMICO

Tras la firma del Tratado anglo-irlandés, compañeros que habían luchado codo con codo se enfrentaron. Esto hizo que su desacuerdo sobre el tratado fuera aún más amargo. Más tarde, Michael Collins dijo que Éamon de Valera lo había enviado a negociar el tratado a sabiendas de que los británicos no admitirían una isla completamente irlandesa y quería que él asumiera la culpa del acuerdo. Afirmó que se sintió profundamente traicionado cuando De Valera se negó a aceptar el acuerdo que habían negociado con los británicos (Winston Churchill fue parte de esa comisión inglesa). De Valera, por su parte, decía estar furioso porque Collins y el resto de embajadores habían firmado el tratado sin consultarle a él ni al gabinete irlandés como se le indicó.

De Valera (con gafas, centro) en un discurso en 1917.

Ejército del Estado Libre (o Regulares). Había decidido visitar su Cork natal el día 22, pese al peligro que suponía entrar a un condado aún controlado por el IRA. Collins se jactaba de sentirse fuerte y respetado en su patria chica.

A partir de ahí, los hechos se bifurcan según quién los cuente. Resulta seguro que la patrulla que lo transportaba se encontró con una columna de soldados anti-Tratado en un cruce de caminos, cerca del pequeño pueblo de Béal na Bláth. Se produjo un intenso tiroteo.

Cuando los rifles callaron y los anti-Tratado despejaron el camino, se comprobó que un cuerpo –solo uno– yacía en el suelo con una enorme herida de bala en la cabeza. Era Collins y apenas respiraba. Lo subieron a la parte trasera de la camioneta e intentaron llevarlo a un hospital de Cork. Herido de muerte, a más de 30 kilómetros de distancia, de noche y por caminos enfangados, el viaje se hizo eterno y Collins no llegó a ver Cork.

Las incógnitas

No queda claro si aquello fue una emboscada o un encuentro casual. Parece que el primer encuentro, en la lejanía, fue fortuito, y a la vuelta los esperaron escondidos. También se especula sobre la posibilidad de que

Collins, hacia 1922, como comandante en jefe del Ejército del Estado Libre.

De Valera anduviese por la zona y si habría sabido de la emboscada. Hay quien lo considera un cómplice del crimen.

Hubo lamentaciones posteriores de los anti-Tratado (incluida la de De Valera) tras la pérdida de aquel gran líder nacional. Los muertos siempre son mejores, eso no ha cambiado; pero las cuitas parecieron más fruto de apariencias y antigua amistad que de indignación real por lo sucedido.

Hay más teorías, como alguna originada desde los antitratadistas, que afirmaba que el autor del disparo había sido uno de los principales ayudantes de Collins, quien desde la camioneta habría dirigido una bala –por error... ¿o intencionadamente, pagado por los ingleses?– contra su superior. Lo que resulta del todo increíble es que al hombre más importante de Irlanda –quizá– por entonces no se le efectuase una autopsia ni tuviese un certificado de defunción.

Irlanda perdió con su muerte a un hombre clave en aquellos momentos, singular tanto por su mezcla de liderazgo, valentía y arrojo como por su capacidad estratégica y de conciliación. Tanto los tratadistas como los antitratadistas lo sabían... Pero las circunstancias, a menudo, hacen prevalecer el acaloramiento del momento a la lógica del largo plazo. Para ello nunca fueron buenas las guerras; y menos, las civiles.

¿En qué habría cambiado la Irlanda de entonces? Siempre son complicadas estas preguntas, pero parece claro que el fin de la guerra civil habría sido más civilizado, sin tantas venganzas como luego llegaron. Y es probable que su buena gestión en política económica habría evitado parte del atraso de Irlanda en la larga época de De Valera y suavizado la emigración consiguiente. Quién sabe.

Un siglo después de su muerte, los debates sobre los detalles de su muerte aún siguen vivos en Irlanda.

Tumba de Michael Collins en el cementerio de Glasnevin, Dublín.

EL COMPLOT CONTRA

PANCHO VILLA

UNA FIGURA MOLESTA PARA EL PODER

Al grito de «¡Viva México, cabrones!» muere uno de los iconos de la Revolución mexicana. El general Villa surgió de la más absoluta miseria y llegó a comandar un ejército que condicionó la política del país. Su posición política lo acercó a las clases más desfavorecidas.

INFORME FV-207/23

Mediodía en Parral. El Dodge que conduce el mismísimo Pancho Villa dobla una curva y aprovechan para coserlo a tiros. Ha sido víctima de un complot a cielo abierto. Todo apunta a las altas esferas.

FECHA DEL CRIMEN
20 de julio de 1923.

MOTIVACIÓN
Eliminar a un posible enemigo.

ESTATUS DE LA VÍCTIMA
Héroe de la Revolución mexicana.

NÚMERO DE VÍCTIMAS
Cinco muertos.

REPERCUSIÓN
Se despeja el camino para el principal candidato electoral y Estados Unidos ve cómo muere un viejo objetivo.

¿HAY SOSPECHOSOS?
Se apunta al Presidente del Gobierno mexicano y al candidato a las próximas elecciones, empujados por la administración de Estados Unidos.

LA REVOLUCIÓN MEXICANA es un periodo incierto, que ocupa aproximadamente de 1910 a 1920, en el que la lucha armada entre diferentes facciones del país resultó en un tiempo de extremada inestabilidad y violencia. De aquella época nos llegan nombres célebres, como los de Venustiano Carranza, Emiliano Zapata o Pancho Villa. Todos ellos murieron en complots. El asesinato de Villa fue el que más rincones oscuros guarda.

De la miseria al poder

Si empezamos por el principio, hay que nombrar a José Doroteo Arango Arámbula, nacido en 1878. Es el mismo Pancho Villa, pero con el nombre con que fue bautizado y conocido hasta los 16 años. Dice la leyenda –otra forma de denominar a informaciones más o menos contrastadas– que, a esa edad, el hijo del terrateniente de la hacienda donde trabajaba, violó a su hermana. El joven Doroteo, cuya sangre caliente no fue puesta nunca en duda, se hizo con un revólver y disparó, y mató, al violador. Se fugó a las montañas, donde convivió con una pandilla de bandidos liderada por un tal Francisco Villa, quien lo recogió y lo alimentó. Años después, tras un tiroteo y cuando este agonizaba, lo nombró su sucesor y tomó su nombre. Otra teoría, menos cinematográfica, apuesta por que Doroteo, que pretendía ocultarse de la ley, se cambió el nombre por el de Francisco –tan común– y el apellido por el de Villa, el del abuelo paterno, que no se lo dio a su padre. Sea cual fuere la verdad, nuestro protagonista nunca tuvo mucho interés en declararla.

Lo importante en un hombre de acción como Villa son los hechos. Y estos nos dicen que vivió un tiempo como bandolero, a veces como albañil, cometiendo hurtos para sobrevivir y, como decía su propaganda, robando a los ricos para dárselo a los pobres. Lo que transformó su vida de manera radical fue entrar en contacto, hacia 1910, con Abraham González, uno de los líderes del Partido Nacional Antirreeleccionista. Este le insufló una serie de ideas políticas liberales, contrarias a la presidencia que desde hacía casi 35 años conservaba Porfirio Díaz, que se *reelegía* y perpetuaba en el cargo. Villa tomó conciencia de clase y apostó por las nuevas ideas, por la reforma agraria, por dar terrenos a los campesinos.

Su personalidad y carácter decidido fueron lo que le pusieron al frente de la División del Norte, la formación militar que obtuvo importantes triunfos en la lucha de la Revolución mexicana, a las órdenes del nuevo presidente, Francisco Ignacio Madero. La División del Norte se componía sobre todo de gente del pueblo, rancheros, vaqueros y otros participantes de la población rural del norte de México.

Pronto dio muestras de inteligencia y organización militar, pese a que carecía de estudios castrenses: él había aprendido de su propia experiencia bandolera. Su ingenio y capacidad estratégica los mostró con acciones tan sencillas pero eficaces como cuando puso sombreros sobre estacas para simular que contaba con más efectivos, lo que condujo a sus enemigos a la retirada.

Importancia política

Eran años de complots, de cambios de fidelidades, de juicios sumarísimos. En uno de ellos fue acusado de insubordinación. En un consejo de guerra de 15 minutos lo condenaron a ser fusilado. Por suerte para Villa, un contacto impidió el cumplimiento de la sentencia e ingresó en una prisión donde aprovechó para aprender a leer y a escribir. De allí se fugó en noviembre de 1912.

Villa entra a la ciudad tras ganar la batalla de Ojinaga, el 11 de enero de 1914.

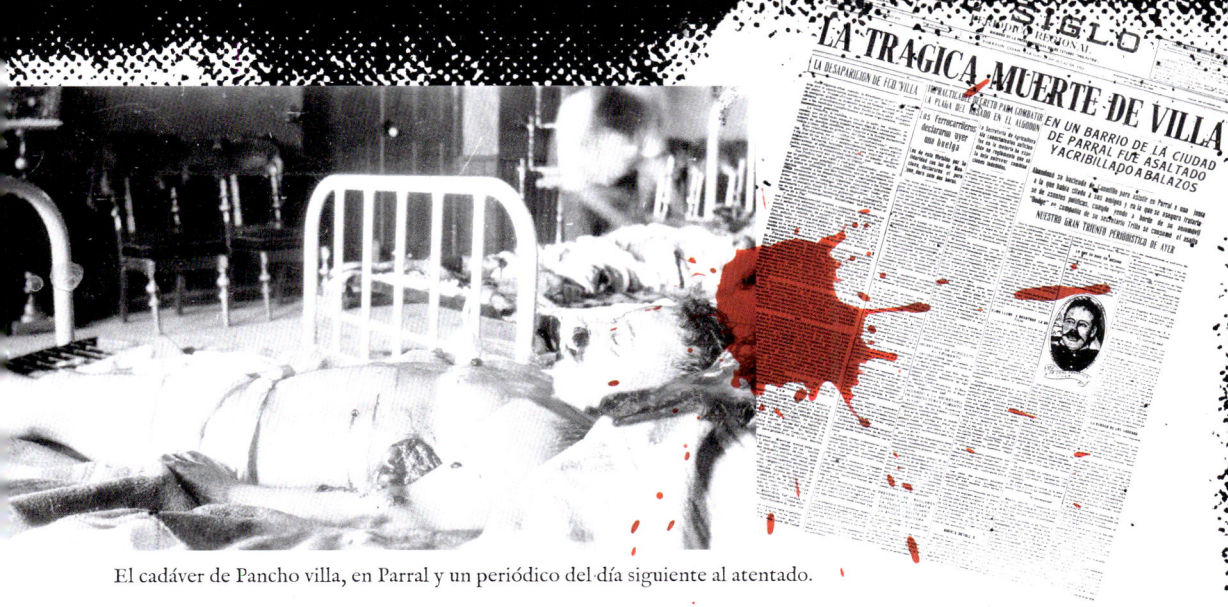

El cadáver de Pancho villa, en Parral y un periódico del día siguiente al atentado.

A lo largo de ese decenio, Villa –apodado el Centauro del Norte– y su ejército desempeñaron un papel clave en la Revolución mexicana. Fue gobernador en el estado de Chihuahua, donde mandó construir decenas de escuelas, él que no había pasado ni un día en ellas. Ganó y perdió batallas. Acabó deponiendo las armas cuando su ejército fue perdiendo fuelle y, sobre todo, porque tras la muerte de Venustiano Carranza se quedó sin enemigo contra el que combatir. A mediados de 1920, firmó con un nuevo Gobierno su retirada a la hacienda de Canutillo, donde el Gobierno le otorgó en propiedad amplios terrenos por los servicios prestados a la Revolución.

En su retiro «dorado», Villa pasó unos años bastante tranquilos y felices. Diversos medios de comunicación de medio mundo acudían allí a visitar a una estrella famosa y publicaban artículos sobre su vida pacífica en Canutillo. Incluso una empresa norteamericana solicitó al general emérito realizar una película basada en los episodios más importantes de su biografía. Su vida estaba llena de grandes anécdotas –o más que eso–, como su relación con las mujeres: se casó, que se sepa, en 24 ocasiones (algunas fuentes afirman que fueron 75) y tuvo 26 hijos. A todas aquellas que dejaba embarazadas, las desposaba.

El Pacto de Xochimilco

En plena Revolución mexicana se celebró, en una barriada de Ciudad de México, una reunión entre Pancho Villa y Emiliano Zapata. Los dos históricos generales (uno del norte y el otro, del sur) acordaron entrar con sus fuerzas en la capital, que tomaron el 6 de diciembre con un ejército de más de 50 000 hombres. Entraron sin oposición hasta el Palacio Nacional y Villa se hizo una foto en el sillón presidencial (imagen).

El complot

Se sentía seguro en Canutillo, pero Villa conservaba una guardia personal de unos 50 hombres. Sabía que muchos lo seguían teniendo entre ceja y ceja, por miedo a que se levantase en armas. Era lo que le sucedía al entonces presidente, Álvaro Obregón, quien temía que Villa se alzase contra él –se rumoreaba también que iba a entrar en política– y contra su candidato en las elecciones de 1924, Plutarco Elías Calles.

El 20 de julio de 1923, Villa salió en su automóvil Dodge hacia Parral, una ciudad ubicada al sur de Chihuahua, donde quería reunirse con algunos de sus camaradas y luego partir todos juntos al bautizo del hijo de un amigo. Lo hizo acompañado de otros cinco hombres; él se empeñó en conducir. Bajo un sol de castigo, Villa llegó a Parral. Cuando el Dodge pasaba por la calle Gabino Barrera, un hombre que llevaba un sombrero de palma agitó la mano y exclamó el viejo grito de guerra revolucionario que acompañaba al general cuando entraba victorioso en una ciudad: «¡Viva Villa!». En ese momento, cobraba otro sentido: era la señal que esperaban los conjurados, el aviso de que su coche estaba a punto de llegar. Si lo decía una vez, es que estaba en el asiento delantero; dos veces, en el trasero.

El Dodge dobló una calle. Antes de que completase el giro, cuando encaraba la recta, le salieron al paso los sicarios y de inmediato abrieron fuego, a un grito que se hizo célebre: «¡Viva México, cabrones!». La lluvia de plomo fue generosa, se cree que unos 150 proyectiles se dispararon en unos segundos, de los que trece impactaron en Villa. Murió en el acto, como tres de sus acompañantes.

¿Quién mató a Villa? El legislador local de Durango asumió la autoría material –junto con otros tres conjurados– e intelectual del asesinato. Fue condenado a

Pancho Villa con su atuendo característico.

LA EXPEDICIÓN PUNITIVA

El 9 de marzo de 1916, 589 soldados al mando de Pancho Villa atacaron el pueblo de Columbus, en Nuevo México, Estados Unidos. Murieron 27 norteamericanos y 73 villistas. Como respuesta, el presidente Woodrow Wilson envió tropas (cerca de 12 000 reclutas) que recorrieron el estado de Chihuahua durante 11 meses: fue la Expedición Punitiva. Sin embargo, fueron incapaces de encontrar a Villa y salieron derrotados de México. El general al mando, John J. Pershing, reconoció que esta amarga experiencia le fue de gran valía para la inminente entrada de Estados Unidos en la Primera Guerra Mundial.

Tropas de la Expedición Punitiva, en 1916.

70 años, pero lo indultaron en unos meses: olía a acuerdo para eximir culpas. Todos sabían que la orden debía venir de más arriba. No había pruebas, pero todo indicaba a Álvaro Obregón y Elías Calles, quienes atendían así a la petición de Estados Unidos, que para reconocer la legitimidad del estado mexicano pedía la muerte de Villa, por aquellas viejas rencillas.

Los mexicanos no eran tontos. Tras el atentado se hizo famoso un chascarrillo: *¿Quién mató a Pancho Villa?*, respondido con un: *¡CALLESe! ¡CALLESe! ¡CALLESe!* Villa mantuvo a sus enemigos incluso después de muerto: en 1926, el cementerio de Parral fue profanado y el cadáver de Villa, decapitado. Su cabeza desapareció y no se volvió a saber de ella. Dicen que, cada 20 de julio, el fantasma de Pancho Villa recorre las calles mexicanas para recordar a aquel que se cruce en el camino su asesinato a traición.

La muerte de Villa favoreció al poder político mexicano y satisfizo a Estados Unidos.

El Dodge que conducía Villa el día de su muerte.

No fue un accidente:

Ottavio Bottecchia

LA MUERTE DE UN CICLISTA

Un ciclista aparece medio muerto en una cuneta. Es un héroe nacional, mal que le pese al régimen de Mussolini: es Ottavio Bottecchia, doble ganador del Tour, izquierdista declarado. Dicen que fue un accidente, pero quién va a creer eso. Todos piensan que ha sido un ajuste de cuentas.

INFORME OB-26/27

No son siquiera las diez de la mañana. Un campesino encuentra el cuerpo moribundo de Bottecchia en un camino. Es el ciclista más famoso de Italia, héroe de guerra en Austria y deportivo en Francia.

FECHA DEL CRIMEN
2 de junio de 1927.

MOTIVACIÓN
¿Política?

ESTATUS DE LA VÍCTIMA
Héroe deportivo nacional.

NÚMERO DE VÍCTIMAS
Una.

REPERCUSIÓN
Italia pierde a un favorito para volver a ganar el Tour de Francia. Se apuntala la ley del silencio: mejor callar.

¿HAY SOSPECHOSOS?
Se apunta a unos camisas negras (partidarios de Mussolini). También a un campesino celoso. Para los más crédulos, tampoco se descarta un accidente casual.

Sɪ ᴇʟ ᴅᴇᴘᴏʀᴛᴇ es el reino donde nacen y habitan la mayoría de los héroes de nuestro tiempo, el ciclismo debe ser su Olimpo. Ninguna otra competición puede alcanzar sus cotas de sufrimiento, de mítica, de misticismo. El ciclismo es un deporte para ser contado, para ser leído, para el boca a oreja, más aún que para ser visto en una pantalla. Gloria al sudor de los ciclistas, gloria. Más aún para los que corrieron a primeros del siglo XX, con etapas de 500 kilómetros o más. La vida de ciclista no era fácil. En ocasiones, la muerte tampoco. Es el caso de Ottavio Bottecchia.

Ottavio, el número ocho

Las matemáticas no engañan. No para el recién nacido Ottavio. Estamos en el primer día de agosto de 1864 y el libro de familia de los Bottecchia recibe a su octavo hijo. Pues hay que aprovechar la coyuntura, que lo de poner el nombre es el principio del fin de algunas parejas: se llamará Ottavio, *octavo* en italiano. Lo más urgente, solucionado.

Más complicado, para una familia pobre de las afueras de Treviso, es sobrevivir al día a día. Así que Ottavio debe olvidarse de los estudios –la mayoría ni llegaba a planteárselos– y empieza a trabajar como aprendiz de albañil. La familia abandona el país y viaja a Alemania, a ver si la vida allí es mejor. No mucho, pero hay menos hambre.

La Gran Guerra llega recién cumplidos los 20 años e Italia reclama a sus jóvenes, estén donde estén. Es curioso: se tiene que ir del país que lo ha acogido para regresar al que lo vio nacer... y unirse a los que va a derramar la sangre de sus todavía vecinos. Pero no nos pongamos trágicos tan pronto: siempre hay tiempo en este libro. Peores historias se verán, por cierto, en esos años oscuros.

Además, más ironías de la vida, Ottavio va a encontrar el oficio que lo encumbrará gracias a este conflicto. Entra en los *bersaglieri*, y su cometido será el de transportar mensajes entre las líneas de defensas italianas. Y vaya con el joven Bottecchia. ¡Cómo pedalea! Grandes distancias, sin mostrar fatiga. Cuando acaba la guerra, lo tiene claro: va a probar como ciclista profesional.

El ascenso de una estrella

Los caminos polvorientos de Italia y Francia asisten al crecimiento de Bottecchia. Con el dinero ahorrado se compra una bicicleta de competición y comienza a ganar carreras de aficionados a la vez que trabaja como albañil. Las gana al esprint, en la montaña, escapado...

Pero el ciclismo no es solo pedales, horizonte y sudor. También es compañerismo y noches de hotel, largas conversaciones con ciclistas que se convierten en tus mejores amigos o, al menos, en tus únicos confidentes. Y uno de ellos (Alfonso Piccin, con el papel de amigo catalizador, ese que te cambia la vida) le enseña a leer en condiciones –Ottavio nunca estudió, recordemos– y no se conforma con que lea los periódicos deportivos. Alfonso le pasa publicaciones antifascistas clandestinas, el tipo de lecturas que Ottavio necesita para convencerse de su identidad de clase. En los descansos entre carrera y carrera, Bottecchia aprende que su enemigo profesional es el cansancio; y, en su vida personal, en su vida política, lo será el fascismo, encarnado por ese *duce* grotesco que es Benito Mussolini.

Es inevitable que trasciendan sus ideas políticas, no existen secretos en un pelotón. Tampoco él quiere que sean un secreto. «Mi mayor temor es que mis ideas lleven alguna desgracia a mi familia», llega a decir Ottavio. Sabe bien que los tentáculos de la violencia no conocen límites.

Adaptación de un retrato de Bottecchia como ganador del Tour.

ITALIA, AÑOS 20

Como *bersaglieri*, Bottecchia ganó una Medalla al Valor Militar durante la Gran Guerra, pero eso no le sirvió para ganarse el aprecio del régimen de Benito Mussolini. Este fue elegido presidente del Consejo de Ministros italiano en 1922, justo cuando Bottecchia comenzaba a despuntar. Al *duce* no le agradaba que alguien con sus ideas resultase demasiado popular.

Unos *bersaglieri*, durante la Primera Guerra Mundial.

La gloria del Tour

Quizá por eso prefiere correr más en Francia y en un equipo francés. Se inscribe en el Giro de Italia de 1923 (acaba quinto) y no vuelve a participar en él. Lo suyo será *La Grande Boucle*, el Tour de Francia, donde debuta en 1923 para ayudar a Henri Pélissier, el favorito local. Y sí, colabora con él, tanto que demuestra estar a su altura: gana el francés, pero Bottecchia acaba segundo y solo alguna diarrea inoportuna y algún problema mecánico lo alejan de la victoria. Dice Pélissier: «El año que viene ganará él».

Solo se equivoca en una cosa el francés. Ottavio gana en 1924, sí, y también en 1925. Con un autoridad excesiva, a sus contrincantes les caen minutadas de espanto. Domina todas las suertes: en alto, en llano, en llegadas apretadas: apabulla. Se convierte en el primer ciclista en ganar el Tour conservando el liderato del primer al último día. También, claro, es el primer italiano que triunfa en la general de la carrera. En Francia lo adoptan como *Botescià*. Italia se vuelve loca con él. Pero Mussolini

avisa a la prensa: gloria al ciclista, *dai*, pero mucho ojo con decir nada de esas ideas suyas, no estoy para bromas; tonterías las justas.

Ottavio, «El carretero», «El albañil de Friuli» se convierte en un marxista acomodado. Cada uno de los miles y miles de francos que gana salen de un esfuerzo sobrehumano, gracias a él millones de personas disfrutan, se divierten, sueñan. Crea una empresa de diseño y construcción de bicicletas (que es puntera y perdura hasta nuestros días). Pero en 1926, y pese a ser el gran favorito, no consigue despuntar en el Tour: se retira en la décima etapa.

Peor le iría el año siguiente. No lo correrá, porque estará muerto y eso no hay reglamento que lo permita.

¿El accidente que no fue?

La temporada de 1927 comienza con dudas. Los resultados no acompañan como debieran. Pero no importa: saldrá a ganar el Tour, nobleza obliga. Llega junio y apura los entrenamientos por los caminos del norte de Italia. Suele salir a correr con su amigo Alfonso Piccin, pero este le dice que no, que mañana no puede, que tiene que ir a ver a su novia. Así que al amanecer del 3 de junio, qué remedio, sale solo a entrenar por la provincia de Udine. Es pronto y el sol aún no quema.

Pasan unas horas y el sol comienza a hacer de las suyas. Las chicharras comienzan su canto infinito. El campesino Lorenzo Santolo escucha la monodia y camina por el sendero que une Cornino y Peonis. Le alarma un cuerpo que ve tirado a lo lejos. Es el de Ottavio Bottecchia, la gloria nacional, su nariz enorme y puntiaguda cubierta de sangre, como el resto de su cabeza e incluso su cuerpo, que parece molido a golpes. Aún respira, pero está grave. La bicicleta, intacta y apoyada sobre un árbol. Lo carga a sus espaldas hasta una taberna, llaman al párroco para la extremaunción. Luego, en una carreta lo llevan al hospital de Gemona, 12 kilómetros bajo el sol. Allí sobrevive 12 días. No dice ni una palabra. No hay nada que hacer: muere el 15 de junio.

Y se abre una investigación. ¿Un accidente? Ni siquiera lo parece, no del todo. Muerte por fractura craneal: rotura de clavícula, bien. Pero ¿por qué esos golpes por todo el cuerpo? ¿Por qué esa bicicleta intacta, de pie, lejos de Ottavio?

No, en el pueblo, en Italia, murmuran: lo mataron los fascistas, que lo vieron solo y le propinaron una paliza mortal, si no pensad en Giovanni. Su hermano Giovanni, también ciclista, fue arrollado dos semanas antes mientras entrenaba por un coche que pertenecía al padrino de boda de Mussolini. Ottavio se había acercado a él para pedir una compensación. Aquel preboste había ofrecido 100 000 liras, Bottecchia las había rechazado, e incluso lo insultó.

¿No encajan las piezas? ¿No parece tan claro, tan apabullante, como aquellos dos Tours que ganó Bottecchia y que deja en herencia a todo un país? Pero no hay pruebas, solo lo saben las chicharras que cantan, pero no sobre lo que nos interesa.

Aparecen más teorías

El tiempo, además, lo enturbia todo. Años después un sacerdote recibe la última confesión de Lorenzo Santolo. Fue él, dice, quien mató al ciclista. Lo hizo porque estaba robando unas uvas de sus tierras. Tomó una piedra y le golpeó con ella. Fue un accidente, él no quería tanto. Y el sacerdote lo cuenta a la prensa, que con razón comenta que fue un ferviente fascista durante el régimen. Y que en junio no hay uvas que robar. Otros dicen que, en realidad, lo mató por un asunto de faldas. Los años aportan otra teoría apócrifa: mataron a ambos hermanos por un asunto de apuestas ilegales. No, esperad, de veras, fue un accidente: es lo que dice la familia Bottecchia. Y es que el seguro de vida de Ottavio cubría con todo lujo una muerte accidental, pero no la violencia (y por eso, dicen, callaba Bottecchia en su lecho de muerte).

¿La verdad? Una de las últimas teorías apunta a que Bottecchia recibió esa paliza de parte de unos camisas negras –que se lo encontraron, o quizá lo esperaban– que lo dejó inconsciente. Pero despertó y siguió pedaleando mientras pudo, hasta aquel camino donde su aguante dijo basta; y se tumbó a esperar su destino.

Monumento de homenaje a Bottecchia en el pueblo donde fue hallado herido.

Todo parece apuntar a una muerte violenta de Bottecchia, que a nadie le interesaba desvelar en aquel momento.

LA MATANZA DEL DÍA DE
SAN VALENTÍN

DÍSELO CON PLOMO, CARIÑO

Una mañana cualquiera del Chicago de 1929, siete gánsteres de origen irlandés esperaban en un almacén un envío tan valioso como prohibido: alcohol. Pero del camión bajaron unos policías -o eso parecían- que los pusieron de cara a una pared y los acribillaron. Luego llegó la leyenda.

INFORME SV-142/29

Chicago, 10:30 de la mañana. Varios miembros del North Side Gang (una organización mafiosa de raíces irlandesas) mueren acribillados en un escondido almacén de Chicago.

FECHA DEL CRIMEN
14 de febrero de 1929.

MOTIVACIÓN
Ajuste de cuentas entre grupos criminales.

TIPO DE VÍCTIMAS
Hombres mafiosos.

NÚMERO DE VÍCTIMAS
Siete.

REPERCUSIÓN EN LOS MEDIOS
Uno de los casos más mediáticos del siglo XX, reflejado en novelas, películas y series.

¿HAY SOSPECHOSOS?
Aunque ninguna prueba lo inculpaba, todos pensaron en Al Capone como instigador del crimen. Pero existen otras teorías.

El Chicago de los «Felices años 20» es un chollo para el cine de gánsteres. La Ley Seca, las mafias, Al Capone, Elliot Ness... Quizá hasta sus mismos habitantes se sintiesen como en un decorado con tanto cliché, obligados figurantes de una obra en la que sus protagonistas no disfrutaban de muchas papeletas para llegar vivos al último acto. En aquellos tiempos, unas 400 personas morían al año en Estados Unidos en las refriegas por controlar el mercado negro del alcohol.

Tampoco, pues, habría de qué sorprenderse por otros siete cadáveres en una de las ciudades epicéntricas del crimen. Italianos despachando a irlandeses, vaya novedad. O a la inversa. Pero pese a la anestesia de la costumbre, no es lo mismo asumir que los bajos fondos de la ciudad tienen su propia ley –al fin y al cabo, el alcohol anima nuestras locas y furtivas fiestas– que toparse con una masacre en el acomodado barrio de Lincoln Park la mañana de un día de San Valentín, un jueves en el que solo piensas en decírselo con flores. Además, la carnicería llevaba el aroma –los efluvios– de Al Capone, el enemigo público número uno del país. ¿Sería ese su Waterloo o se libraría de nuevo de la cárcel?

¿Qué buscaban los asesinos?

Aquella mañana de los idus de febrero, algunos hombres de Bugs Moran estaban citados en el garaje de 2122 North Clark Street. Quizá oliera a perfume de rosas, los mafiosos también se enamoran, pero el alcohol que allí esperaban no era para extraer el aroma de pétalos, si acaso para que su olor lo expelieran las gargantas más pudientes de Chicago. Esperaban un cargamento de whisky que la North Side Gang había robado –nada menos– a Al Capone. Licor del caro, canadiense, traído a hurtadillas por el río Detroit.

Bugsy Moran era el líder de la North Side Gang, la némesis de Al Capone, quien lideraba el Chicago Outfit. Dos bandas que se repartían, de manera desigual, el mapa chicaguense. Capone era –claro– el capó de la ciudad, su banda sobornaba más y mejor (ver recuadro en pág. 105). La sangre irlandesa de Moran bullía a una temperatura mayor que la italiana de Capone, su tendencia a la violencia era irrefrenable, hasta se jactaba de ello, mientras que Capone llevaba dentro un relaciones públicas, a su mafiosa manera. Estaba convencido de que, cuanto menos titulares protagonizasen, mejor para sus negocios. Por eso había propiciado una tregua entre bandas, un reparto consensuado de la ciudad, que aquí hay negocio para todos, podemos delinquir civilizadamente, ¿no veis que los jueces y la pasma hacen lo mismo?

Pero si ya los pactos entre caballeros son difíciles de cumplir... La banda de Moran le estaba apretando de nuevo las tuercas a su rival, un asalto conduce a una respuesta, una respuesta lleva a una revancha, una revancha genera su venganza... A principios de 1929 la situación era, de nuevo, insostenible.

Un tiroteo sin compasión

Los hombres de Moran esperaban el cargamento de whisky en ese garaje de Lincoln Park. El propio Moran tenía previsto acudir, pero aún no había llegado. Eran seis declarados miembros de la North Side Gang, más un optometrista de confianza, que buscaba ampliar el negocio. Siempre hay alguien que decide cambiar de profesión en el momento menos oportuno.

No llegó el camión que esperaban, sino –según los testigos– un Cadillac del cual salieron cuatro hombres, dos (vestidos de) policías y otros dos, de paisanos.

Recreación policial de la matanza.

Entraron al garaje. No existían entonces cámaras de seguridad, pero podemos recrear lo que pasó. Ninguno de los siete de Moran sacó un arma: no había que temer... ¡Caballeros, tan solo es la policía! Sería otra de aquellas formalidades que de cuando en cuando cumplían; en el peor de los casos se llevaban a alguien para darle lustre a los grilletes y sentido a las celdas de la prisión durante unos días. O quizá solo pasaran por allí para llevarse unas botellas...

Por eso se pusieron de cara a una pared de ladrillos sin rechistar, esperando un cacheo rutinario. Sin embargo, dos de aquellos extraños levantaron sus subfusiles Thompson –un arma icónica de la época– y, de izquierda a derecha, metódicamente, cosieron a balazos a los siete de Morgan. Por si aquel río de plomo no fuera suficiente, continuaron la balacera cuando los cuerpos cayeron. Un buen trabajo, pudieron pensar ellos, y nosotros si alguien considera difícil ametrallar a alguien por la espalda. Pero, y eso no lo podían saber –o quizá no eran tan brillantes en lo suyo–, habían marrado en lo principal.

De aquel garaje salieron los *policías* apuntando a dos hombres con las manos en alto. Eso relataron los testigos, alarmados por el tiroteo. Y eso querían que vieran los asesinos, ya que era una buena coartada de normalidad antes de desaparecer en el Cadillac. Lo que aún ignoraban era que, uno: Bugsy Moran no se encontraba entre los ametrallados –solo tenían información de que debía estar allí, pero no conocían a la perfección su rostro, muy parecido al de uno de los siete–; y dos, que uno de aquellos hombres había sobrevivido.

Se trataba de Frank Gusenberg, quien con 14 balazos, aún respiraba cuando llegó la policía; la auténtica. Y Frankie alcanzó, más que nadie aquel día, la

gloria eterna. De camino al hospital, cuando le preguntaban una y otra vez quién les había hecho aquello, respondía con igual frecuencia: «Nadie me ha disparado». Una frase que dio pie a un apodo y a un icono: Labios Sellados, el fiel mafioso que elige la *omertà* incluso en el último aliento. Quizá fuera Gusenberg el profesional más brillante de aquella ominosa mañana.

Consecuencias de la matanza

La masacre conmocionó a la opinión pública. Quizá fuera el lugar de los hechos, acomodado y residencial, o la ausencia de acusados y sospechosos, por mucho que el olor –la miasma– a Al Capone sobrevolase la carnicería. Ni una sola prueba apuntaba en su dirección. En eso, la estructura piramidal de su Chicago Outfit era un escudo magistral, un entramado impenetrable. Si fue él –como parece–, se salió con la suya, ya que la banda de Moran se avino a una renegociación en la que Capone impuso sus términos. Pero quizá sembró en la ley el ánimo definitivo de quitarse de en medio a ese alborotador. Quizá sin ese episodio que se quedó para siempre en el imaginario norteamericano, dos años después Capone no hubiera acabado en la cárcel como deshonrado ciudadano evasor de impuestos.

La masacre de San Valentín, en la leyenda

- El lugar de los hechos se demolió en 1967 y ahora se emplea como aparcamiento de un hogar para ancianos. Un empresario compró los ladrillos del muro donde ametrallaron a los hombres. Algunos se vendieron a particulares y otros se exhiben en el Museo del Crimen, en Washington D.C.

- Ha habido varios libros y películas de ficción inspiradas en la matanza. Quizá la más célebre sea una que la toma como excusa en su arranque: la maravillosa comedia *Con faldas y a lo loco* (*Some Like it Hot*, Billy Wilder, 1956).

Al Capone, en 1930.

EL AMOROSO AL CAPONE

Alphonse Gabriel Capone (1899-1947) era el más temido jefe de los bajos fondos de Chicago. Se le apodaba *Scarface* («Caracortada») por las cicatrices que unos navajazos juveniles le habían dejado en la mejilla izquierda. Su Chicago Outfit se extendía por todo el país, pero sin duda en la capital del estado de Illinois ejercía una mayor influencia. Allí tenía contactos en todas las esferas del poder público, desde los policías a los jueces, pasando por los políticos. Contactos de pago, se entiende: sobornos en toda regla que le hacían la vida más fácil (a ambas partes).

Capone fue el primer mafioso que se preocupó por su imagen pública. No dudó en invertir (porque no era un gasto) dinero en la compra de periódicos que lo adulasen en sus páginas, diarios de corte populista que convertían sus populistas actos (donaciones a hospitales, comedores para pobres, ayudas a víctimas de las mafias ajenas…) en propaganda para las clases bajas. Esos medios se cuidaban de fotografiarlo por su lado derecho.

Los años trajeron alguna revelación. En 1935, el FBI detuvo a un gánster que –a diferencia de Gusenberg– tenía los labios bien abiertos. Aportó revelaciones creíbles con otras que no lo eran tanto, pero que corroboraban que los ejecutores de la matanza fueron hombres del entorno del Chicago Outfit. Sin embargo, el FBI no detuvo a nadie. Bien porque no se creyeran del todo aquellas palabras o porque la mayoría de aludidos estaban, también, muertos.

Con los años aparecieron otras teorías, que apuntaban a la Cosa Nostra siciliana, o incluso a que los *falsos* policías eran en verdad *auténticos* policías, que vengaban la muerte del hijo de un compañero a manos de la North Side Gang. Cuando los años pasan y las teorías siguen, es solo la confirmación de que un hecho ha pasado a la leyenda.

Han surgido otras teorías, pero parece difícil pensar en otra más sólida que la que inculpa a Al Capone.

LA OSCURA MUERTE DE
SERGUÉI KÍROV
UN ASESINATO QUE MATÓ A MILLONES

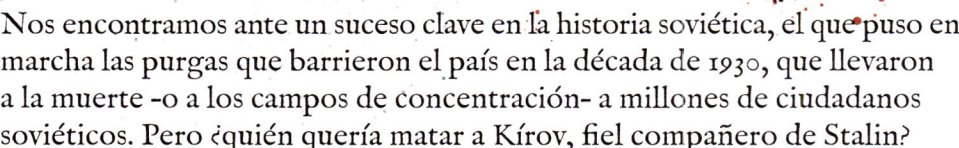

Nos encontramos ante un suceso clave en la historia soviética, el que puso en marcha las purgas que barrieron el país en la década de 1930, que llevaron a la muerte -o a los campos de concentración- a millones de ciudadanos soviéticos. Pero ¿quién quería matar a Kírov, fiel compañero de Stalin?

INFORME SK-112/34

Leningrado, 16:30 h. Ya es de noche cuando, en los pasillos del instituto Smolny, se oye un disparo. Ha ido a parar a la nuca de Serguéi Kírov, quizá el político ruso más popular.

FECHA DEL CRIMEN
1 de diciembre de 1934.

MOTIVACIÓN
Política, probablemente.

ESTATUS DE LA VÍCTIMA
Alto dirigente del Partido Comunista.

NÚMERO DE VÍCTIMAS
Una.

REPERCUSIÓN
Stalin tomó este asesinato como excusa para desatar su Gran Purga contra todo aquel que no comulgase con él.

¿HAY SOSPECHOSOS?
Se detiene al autor material, Leonid Nikoláev. Se le acusó de actuar motivado por la oposición a Stalin. Se cree que el propio Stalin pudo promoverlo.

Hay asesinatos que matan a una persona; otros que acaban con varias; el de Serguéi Kírov fulminó a millones de personas, o al menos sirvió como la excusa perfecta para ello. Por todas las implicaciones que tuvo y por los oscuros personajes que estuvieron relacionados (es difícil que algo no se enturbie cuando Stalin está cerca), el asesinato de Kírov es un estupendo caso para nuestras intenciones.

Un destacado líder soviético

Hablar demasiado de la persona de Kírov sería algo contrarrevolucionario y ajeno a la colectividad, pero corren tiempos bastante individualistas, así que haremos un pequeño hueco a su figura. Nació en 1886 como Serguéi Kostrikov. Lo de Kírov llegó mucho más tarde, en 1912, cuando lo acortó como muchos otros revolucionarios rusos de la época: comenzó a usar el seudónimo *Kir*, y lo rusificó con el sufijo *-ov*.

A los siete años entró en un orfanato y en su juventud se hizo marxista, algo que no dejó hasta el último de sus días. Participó en la Revolución de 1905, y lo arrestaron durante un tiempo. Al salir, se unió a los bolcheviques y lo encarcelaron varias veces durante aquellos años por imprimir pasquines revolucionarios. Durante la Revolución Rusa de 1917, Kírov se convirtió en comandante de la administración militar bolchevique en Astracán y luchó con el Ejército Rojo en la Guerra Civil Rusa hasta 1920.

En 1921 se convirtió en Primer Secretario del Partido Comunista de Azerbaiyán, el órgano que dirigía la que, durante los dos años anteriores, había sido la primera república musulmana democrática y laica de la historia. Desde el principio, Kírov mostró su sintonía, lealtad y admiración con Iósif Stalin; y cuando este –tras la muerte de Lenin en 1924– tomó el mando de la URSS, fue ascendido a la jefatura del partido en Leningrado (San Petersburgo). Como Stalin, era un firme partidario de la industrialización y la colectivización forzada de le economía.

Un tipo con carisma

Pero nunca es fácil ser buen amigo de un tipo como Stalin. Si estás muy cerca, molestas y si navegas por tu cuenta, eres sospechoso. Kírov, eso sí, era de los que, de cara a la opinión pública, no ofrecía grietas en su adhesión al líder. Hasta su muerte no se supo de discrepancia alguna con el georgiano. Y sí, las había, pero posiblemente no más que entre dos altos cargos de cualquier empresa. Kírov no tenía dudas sobre el liderazgo de su (¿amigo?) Stalin. En 1934, en el 17° Congreso del Partido Comunista la Unión Soviética, Kírov pronunció el discurso titulado «El discurso del camarada Stalin es el programa de nuestro partido». Desde nuestros días, resulta hasta tierna tanta admiración.

Durante años, Kírov tuvo una buena cuota de poder en el país. Sobre todo, en la parte noroccidental. Fue responsable de la construcción del famoso Canal Mar Blanco-Mar Báltico, un éxito del primer plan quinquenal. Kírov, un orador carismático y talentoso, se fue convirtiendo en un personaje bastante popular, hasta simpático, en contraposición al fiero y oscuro Stalir.. Y es verdad que

Stalin (segundo por la izquierda) y Kírov (a su izquierda), en Leningrado en 1925.

EL INSTITUTO SMOLNY Y EL TEATRO KÍROV

El edificio donde fue asesinado Kírov (a la derecha) guarda un buen puñado de la historia soviética. Situado en San Petersburgo (también Petrogrado o Leningrado, según la época) y construido en 1808, fue el lugar elegido por Lenin como cuartel general bolchevique durante la Revolución de Octubre, en 1917. Otro edificio señero de la ciudad, el teatro Mariinski, fue rebautizado como teatro Kírov tras la muerte de este y hasta 1992. Algo no exento de ironía, ya que se sabía que el político gozó de varias amantes entre las bailarinas de aquel ballet.

Kírov resultaba más accesible al común de los mortales; desde luego, no era tan suspicaz (pocos en la historia, posiblemente, lo hayan sido) como Stalin. Vivía en una casa grande en compañía de todo tipo de personas, iba caminando al trabajo, paseaba solo por las calles de la ciudad, conducía su automóvil para llevar a sus hijos a cualquier sitio y jugaba al escondite con ellos en el patio... Era un *ciudadano normal*, como se empeñan en enfatizar nuestros políticos de hoy. Con cierta mirada aviesa, alguien podría pensar que Stalin tenía miedo de la gente, mientras que Kírov no. Solo hacía falta tener esa mirada...

Crimen en Leningrado

Así estaban las cosas la tarde del 1 de diciembre de 1934 en Leningrado. Kírov había acudido a trabajar a su despacho en el tercer piso del instituto Smolny. También estaba por allí el pequeño y enclenque Leonid Nikoláev, un joven comunista expulsado de las filas del partido unas semanas antes. La NKVD (la policía secreta soviética) lo había pillado merodeando por aquel mismo lugar en octubre, portando un arma de fuego. Pese a las sospechas, sorprendentemente lo dejaron libre; mes y medio después se encontraba de nuevo allí, con una intención clara.

Esperaba en el pasillo contiguo al despacho de Kírov. Este, hacia las 16:30 salió y su guardaespaldas (solo tenía uno) se quedó unos metros atrás. Cuando llegó a la altura de Nikoláev, este lo dejó pasar, sacó su Nagant M1895 y le disparó en la nuca. Según se dijo, el asesino intentó suicidarse, pero falló, perdió el conocimiento y fue capturado.

Las consecuencias de este crimen fueron colosales.

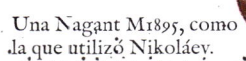

Una Nagant M1895, como la que utilizó Nikoláev.

La excusa perfecta

Además del agresor, fue detenido el guardaespaldas; al día siguiente, cuando la NKVD lo llevaba en un camión, cayó –¿se tiró, lo tiraron?– de este y murió atropellado. Este asesinato, aparentemente, dejó conmocionados a Stalin y a su círculo y se buscaron culpables de inmediato. Se detuvo a 13 colaboradores y amigos de Nikoláev, que tras un juicio rápido y dirigido, fueron fusilados junto a él antes de que acabase el año. Más tarde, se arrestó a la mujer de Nikoláev, que fue fusilada semanas después. Otros amigos y familiares corrieron una suerte similar.

Pero a Stalin le interesaba más depurar responsabilidades a nivel político. La investigación oficial estableció que Nikoláev había sido partidario de Zinóviev –uno de los carismáticos compañeros de Lenin durante la Revolución Rusa– y que había recibido las órdenes para el asesinato del eje Zinóviev-Trotski, dirigido por Trotski desde el extranjero. Así que se abrieron los llamados Procesos de Moscú, unos juicios en los que, de 1936 a 1938, se enjuició, encarceló y fusiló a decenas de veteranos bolcheviques de la Revolución de Octubre, como el mismo Grigori Zinóviev o Lev Kámenev. La obsesión por la traición –y por no ser traicionado– de Stalin explotó a raíz de estos hechos y la Unión Soviética, el país más grande del planeta, con millones de habitantes, comenzó a temblar en sus miles y miles de kilómetros de extensión.

EL ORIGEN DE LA GRAN PURGA

A partir de 1934, sobre todo, tuvo lugar la Gran Purga, un periodo en el que, bajo la dirección de Stalin, se reprimió y persiguió a todas aquellas personas mínimamente sospechosas de no comulgar, en todos los aspectos, con la dirección del Partido Comunista. El Politburó decidió eliminar toda posible fuente de oposición a la transición del socialismo al comunismo. Más de tres millones de soviéticos fueron condenados en juicios sin garantías, cerca de un millón, ejecutados, y al resto los enviaron a campos de concentración del Gulag (la rama del NKVD que dirigía el sistema penal) o fueron forzados al exilio.

Consecuencias y sospechas

Stalin no dudó en mostrar su disgusto y su implicación personal en la resolución del crimen. Él mismo -enmendando la plana a toda su policía- interrogó a Nikoláev y concluyó que habían sido los líderes de la oposición los autores intelectuales del crimen. También se deslizó otra teoría, más peregrina: la esposa de Nikoláev trabajaba en el instituto Smolny y tenía una aventura con Kírov.

Sin embargo, con el tiempo, los historiadores han ido tornando sus sospechas hacia el dictador georgiano. Y no solo ellos: su sucesor, Nikita Kruschev, denunció en 1956 los supuestos crímenes de Stalin, su despiadada represión y sus métodos. De hecho, en sus memorias afirmó que el asesinato de Kírov fue organizado por Stalin y la NKVD, quien le retiró semanas antes la mayoría de sus guardaespaldas. El mismo día del asesinato, Stalin firmó dos nuevas leyes que autorizan a la NKVD a arrestar a personas sospechosas de planear actos terroristas, sentenciarlos sin un tribunal ni abogados y ejecutarlos dentro de las 24 horas. Miles en Leningrado y Moscú estarían implicados en la «conspiración».

Kírov era un aliado de Stalin, pero era capaz de disentir en privado sobre sus métodos demasiado expeditivos. Era carismático. De hecho, Kírov sacó más votos que Stalin para el comité central en el XVII Congreso de 1934 y formaba parte de un bloque más moderado con diferencias con Stalin. Había quien le consideraba un posible recambio, llegado el caso, aunque él no lo buscara. Y parece que Stalin ya se había cansado, para ese año, de perseguir a sus opositores. De perseguirlos políticamente, claro. Con el asesinato de Kírov, Stalin perdió un posible enemigo y ganó una gran excusa. Había llegado el momento de pasar a la acción. De la Gran Purga.

Si a alguien benefició el asesinato de Kírov, fue a Stalin. Con él comenzó la auténtica paranoia estalinista.

Estatua en homenaje a Kírov, que permanece en pie en Kazajistán.

EL CRIMEN DE ELIZABETH SHORT: LA DALIA NEGRA

SUEÑOS CORTADOS

Joven, guapa y asesinada. Así se podría resumir la vida de Elizabeth Short, pero hay mucho más que contar. Porque si algo quedó, además de un crimen horrible y truculento, fue la historia desgraciada de una chica que, como tantas otras, fue a ganarse la vida en Hollywood... y la perdió.

INFORME ES-121/47

Mañana luminosa y radiante de enero en Los Ángeles, California. Una mujer pasea con su hijo y encuentra un cadáver seccionado por la cintura. Es el de Elizabeth Short, una joven cuyos sueños ya se habían roto.

FECHA DEL CRIMEN
12 de enero de 1947 (aproximadamente).

MOTIVACIÓN
Sexual.

ESTATUS DE LA VÍCTIMA
Joven camarera, aspirante a actriz.

NÚMERO DE VÍCTIMAS
Una.

REPERCUSIÓN
La prensa sensacionalista se vuelca con el caso e inventa bulos. Con el tiempo vendrán enfoques más serios.

¿HAY SOSPECHOSOS?
Se detuvieron a decenas de personas, incluso al padre de la fallecida. Pero no apareció ninguna prueba definitiva y el caso se cerró sin culpables.

EN OCASIONES, CUANDO se escribe sobre los muertos –en especial, sobre los que fueron asesinados– y se tiene su foto al lado, puede parecer que te miran, entre el asombro y la indignación: qué haces tú aquí, por qué te intereso, qué tengo yo de especial, si en cualquier caso ya estaría muerta; algún día tú también lo estarás, qué vulgar es ser un muerto, anda, elige otros asuntos.

Puede que tuvieras razón, Elizabeth, pero hoy toca hablar de ti. En primer lugar, porque no fuiste una muerta más y, en segundo, porque los muertos no hablan.

La mala estrella

La llamaron La Dalia Negra porque meses antes, en 1946, se estrenó una exitosa película, *La dalia azul*, con una trama que recordaba a la suya: chica desaparecida, final triste. Pero hasta entonces, era tan solo Elizabeth Short, o si acaso, Beth.

Beth fue una niña con mala estrella. Solo se puede decir eso de quien a los seis años (nació en 1924) recibe la noticia de que su padre se ha suicidado –desapareció al borde de un río– y deja viuda y otras cuatro niñas más a su cargo. Pero –no tardaremos mucho– hay cosas peores. Tampoco es agradable verse con continuos ataques de bronquitis y asma, que te operen de los pulmones a los 15 años y que te obliguen a cambiar los inviernos en las afueras de la más bien fría Boston por los de Florida. O quizá eso sí fuera bueno para la joven Beth, acogida durante los meses fríos por unos amigos de la familia en Miami. Con el tiempo, Short se queda a vivir allí, donde consigue su primer trabajo como camarera.

Peor que tu padre se suicide puede ser –o no– que, 12 años después, mande una carta a tu madre diciendo que todo fue un montaje, que, oye, necesitaba su espacio, una distancia, quizá demasiado al pie de la letra. No sabemos cómo llevó aquello Elizabeth –su madre no perdonó a aquel malnacido–, pero sí que tomó nota del matasellos: la carta venía de California, donde su padre había comenzado una nueva vida. Y en California hay aire cálido para los pulmones y un lugar llamado Hollywood para quienes tengan una cara bonita y alma de soñador. Todo le casa a Elizabeth, hasta el perdonar a su padre. Se va a vivir con él al Estado Dorado.

Otro juguete roto

Lo que creíamos una comedia familiar se torna en lo de toda la vida: un pequeño drama sin audiencia. Ese padre sin escrúpulos lo que quiere es una mujer que le limpie y le cocine y Elizabeth no ha cruzado un ancho país para eso. A las tres semanas sale de esa casa y vuela sola, aunque vuela bajo.

Comienza una época que nos resulta fácil de imaginar –esta vez sí– por mil veces vista en las pantallas. Elizabeth conoce a varios hombres, pero con ninguno llega a nada. A veces es una muerte a destiempo, a veces es ella que no sabe lo que quiere, la mayoría, ay, es aquella mala estrella. A Elizabeth se le va poniendo cara de juguete roto, de otra de esas jóvenes que llegaban a los alrededores de Hollywood llenas de esperanzas y volvían a casa sin dinero y sin ilusiones. Algunas no volvían. Casi ninguna hacía carrera como actriz. La mayoría terminaba en cualquier fábrica o, he aquí el drama, en el mundo lumpen de la prostitución, de las drogas, de las apuestas, que había ido creciendo bajo el hongo de Hollywood.

Elizabeth es de esas. Sobrevive en los bares, no siempre como camarera. A menudo recibe regalos caros de hombres a los que

Retrato de Elizabeth Short en 1946.

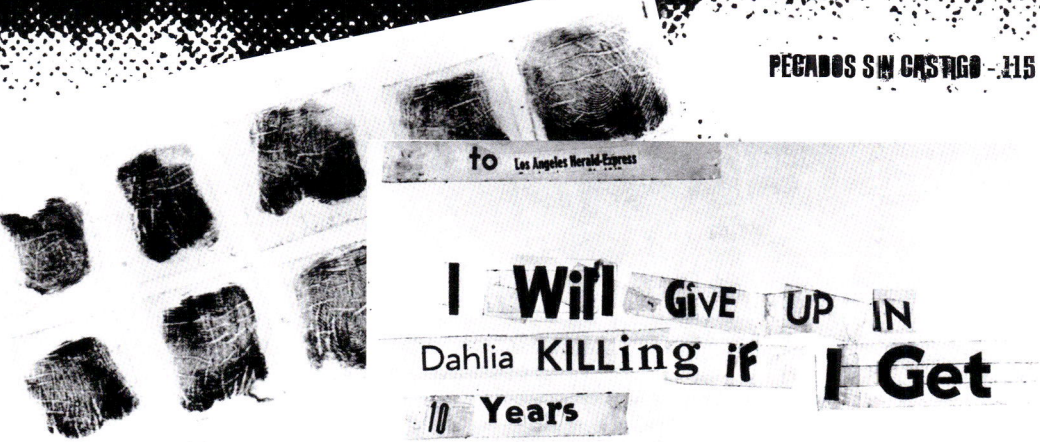

Izquierda: huellas dactilares tomadas al cadáver de Elizabeth. Derecha: uno de los anónimos que llegó a la redacción de un periódico. Algunos expertos creyeron que era invención de los propios periodistas para mantener vivo el caso.

hace felices durante algunos días, quizá uno de ellos sea quien le ofrezca el pasaporte a la fama; otros, en cambio, solo le pagan lo acordado.

Crimen horrendo

El miércoles 15 de enero de 1947, a las 10:40 de la mañana, una mujer que paseaba con su hija de tres años vio un cuerpo tendido en la esquina de un vertedero en la avenida South Norton de Los Ángeles, apenas a cinco kilómetros de las residencias de lujo de las estrellas de cine de Beverly Hills. En principio creyó que era un maniquí abandonado, más que nada porque estaba partido por la mitad, hacia la cintura. Pero quizá el olor, quizá las moscas, algo le dijo que no, que allí había chicha. En la primera casa que encontró realizó una llamada, aterrorizada; la policía se plantó enseguida en el lugar.

En efecto, la escena era atroz. El cuerpo, con precisión de cirujano, estaba partido en dos. Sus intestinos estaban colocados dentro de la pelvis, expuesta a la intemperie. Eran visibles las marcas de ataduras, con toda seguridad había

UN LIBRO Y UNA PELÍCULA

El caso de Elizabeth Short dejó atrás auténticos ríos de tinta de una prensa que solo pensaba en vender periódicos. Baste pensar que una cabecera se llevó a la madre de Short a California afirmando que su hija había ganado un concurso de belleza, tan solo por tener la exclusiva de su primera reacción.

Sin embargo, con más distancia, la literatura ha producido mejores obras. La más reconocida de ellas es el libro *La dalia negra* (1987), del reconocido escritor estadounidense de novela negra James Ellroy. Tuvo una adaptación al cine en 2006.

SPECIAL
Daily Police Bulletin
OFFICIAL PUBLICATION OF POLICE DEPARTMENT, CITY OF LOS ANGELES, CALIFORNIA
Tuesday, January 21, 1947

WANTED INFORMATION ON ELIZABETH SHORT
Between Dates January 9 and 15, 1947

Boletín policial que distribuyó la policía de Los Ángeles el día que fue descubierto su cuerpo.

sido retenida y torturada. No faltaban laceraciones, golpes y quemaduras; un pecho había sido extirpado. Algunas letras habían sido grabadas en la piel. Y un par de detalles (hemos ahorrado mucho, pese a lo que pueda parecer) aún más sórdidos: en el cuerpo no se encontraba ya ni una gota de sangre y en las comisuras de la boca, dos largos cortes se extendían hacia las orejas: la macabra *sonrisa de Glasgow*.

Todo indicaba que habían matado a Elizabeth Short dos o tres días antes. Buena parte de las heridas se las habían inflingido aún viva, dictaminó la autopsia. El cuerpo estaba lavado, sin huellas, y tuvo que mantenerse boca abajo un tiempo para que desalojase la sangre. Había muerto por hemorragia cerebral debida a varias fracturas de cráneo, realizadas con un objeto romo y contundente.

Sin pistas

Pronto identificaron el cadáver. Respecto a quién había matado a La Dalia Negra (el apodo hizo fortuna rápido), nada sólido. Como todo caso en el que la prensa se vuelca sobre él, la cantidad de pistas falsas sobrepasó la de auténticas. Dos nombres aparecieron en un principio. Una, la del infame Cleo Short (su padre), ya que vivía a cinco kilómetros del crimen; pero no había caso. Luego, la de Robert «Red» Manley, el último hombre que la vio con vida, un tipo casado con el que había quedado algunas veces y con antecedentes psiquiátricos; pero tenía coartada; además pasó dos veces la prueba del polígrafo y, años después, incluso la del pentotal sódico (el famoso «suero de la verdad»), unas medidas muy valoradas durante esa época.

Lo más sorprendente sucedió unos días más tarde, cuando el periódico *Examiner* recibió un sobre sin remitente con pertenencias personales de Short, como fotos, documentación personal y una agenda con 75 nombres a la que le faltaban varias páginas. Fue imposible recoger huellas válidas. El 27 de enero, otro sobre con el mismo remitente llegó al diario, con el siguiente mensaje recortado en letras de revistas: «Me entregaré el miércoles 29 de enero, a las diez de la mañana. Me he reído de la policía. El vengador de La Dalia Negra». Ese miércoles, cuando la policía esperaba, recibieron una nota: «He cambiado de idea. No me daríais un trato justo. El asesinato de Dalia estaba justificado». Y esa pista se esfumó.

Siguieron produciéndose detenciones: básicamente, cualquier hombre que hubiera tenido relación con Elizabeth en los últimos meses, incluso alguna mujer. O algún médico que justificase aquel cadáver perfectamente mutilado. Pero no se llegó a nada. En enero, La Dalia Negra se había llevado todos los titulares de una prensa ávida. En febrero, los ríos de tinta empezaron a decaer. Con el tiempo, el recuerdo de Short fue decayendo y su madre –que se enteró por la prensa del asesinato de su hija– pudo descansar de tanta atención.

Sin embargo, nunca se olvidaron del todo de Elizabeth. Las horrendas fotos del crimen y el trato desaforado de la prensa lo convirtieron en inmortal. De cuando en cuando, aparecía alguien que se jactaba de ser el asesino. Aún hoy surgen voces que afirman que sus padres –acaban de descubrir en una carta– fueron los asesinos.

Los muertos no hablan, pero se revuelven en sus tumbas.

El caso se cerró sin culpables. El tiempo haría que casos como el de La Dalia Negra fuesen cada vez más comunes.

MATAR A UN CRIMINAL:
BUGSY SIEGEL
VIDA EN LAS VEGAS, MUERTE EN LOS ÁNGELES

Siegel tuvo doble «mérito»: ser uno de los mafiosos más peligrosos de Estados Unidos y levantar el primer gran hotel casino en Las Vegas. Alternó con los grandes de Hollywood y fue temido como pocos en el mundo del hampa. Hasta que alguien decidió que ya había llegado su hora.

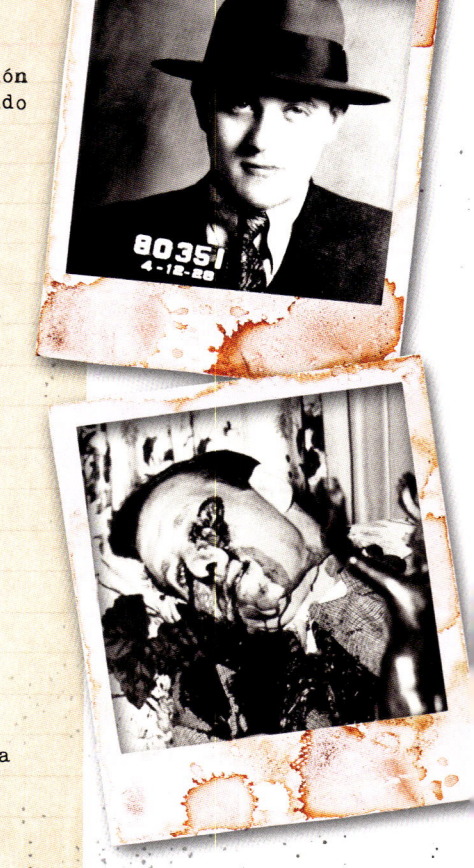

INFORME ES-206/47

Cae la medianoche sobre una lujosa mansión de Beverly Hills, en Los Ángeles. Un ruido de cristales rotos rompe el silencio del vecindario. Son los disparos que matan a Bugsy Siegel, uno de los mafiosos más conocidos del país.

FECHA DEL CRIMEN
20 de junio de 1947.

MOTIVACIÓN
¿Venganza mafiosa?

ESTATUS DE LA VÍCTIMA
Mafioso.

NÚMERO DE VÍCTIMAS
Una.

REPERCUSIÓN
Ninguna, en realidad. La mafia siempre suple a sus muertos.

¿HAY SOSPECHOSOS?
Puede que fuera Lucky Luciano quien diera la orden. O quizá su amigo Moe Sedway. En cualquier caso, nunca se encontró al asesino o el arma homicida.

QUIZÁ EL MUNDO –su mundo, su época– echó de menos a muchos de los infaustos protagonistas de estas páginas. Resulta poco probable que ese fuera el caso de Bugsy Siegel. Quizá solo un puñado de acólitos –bien conocidos muchos de ellos– lloraron su muerte. Puede que incluso ellos reconociesen que el mundo, sin Bugsy, era un lugar un poco mejor.

Desde la nada. . .

Lo sentimos, Bugsy, pero es que eras un mafioso de tomo y lomo. Y el mundo no te hizo así: lo elegiste tú.

Es cierto que Benjamin Siegelbaum nació dentro de una familia pobre, judía, de orígenes ucranios, marginada, en el Brooklyn neoyorquino de 1906. Que era el segundo de cinco hermanos y que sus padres se mataban a trabajar por una salarios míseros. Pero, con esos mimbres, otros eligieron el trabajo duro y honrado e hicieron una buena vida; algunos, incluso, hasta llegaron a lo más alto de sus disciplinas. Ben, no; el niño eligió dejar la escuela y unirse a una banda de pandilleros que operaba en el Lower East Side de Manhattan. Aunque, bien mirado, también llegó a la cima de su oficio. Eso, el oficio, lo aprendió bien en las calles.

Comenzó como ratero, pero pronto hizo carrera como cobrador del mafioso local Moe Sedway: *protegía* a los vendedores ambulantes que le pagaban un dólar… El que prefiriese no hacerlo, vería arder su mercancía. Ya de adolescente hizo migas con Meyer Lansky, cuatro años mayor que él pero ya un capo de la mafia judía, y de su mano empezó su exitosa saga criminal. Ambos se encargaban de robar cargamentos de la competencia y de asesinar a quien estuviera ascendiendo, bien en persona o por encargo. Para entonces ya muchos lo llamaban Bugsy. Podemos traducir su apodo como «loquito, perturbado». No le gustaba, pero hizo fortuna: le venía como anillo al dedo.

. . . a las más altas cotas de miseria

A Bugsy le fue bien desde temprano. Al menos hizo dinero, mucho dinero, que es de lo que se trata cuando te metes en la mafia. A los 21 años se compró un apartamento en el Waldorf Astoria y una lujosa casa de fin de semana en las afueras de Nueva York. El contrabando de alcohol en medio de la Ley Seca y el tráfico de opio eran sus principales fuentes de ingresos.

En el hampa hizo de todo: desde ejecutor hasta ideólogo. Se le acusó de varios crímenes, aunque nunca pagó por ellos, ya que sus dudosas coartadas lo eximieron. Tuvo fama de «gatillo fácil», al que amparaba su carácter explosivo. Podía pasar de tipo encantador a loco poseído en cuestión de décimas. A lo primero contribuía su pose: esbelto, poseedor de amplia sonrisa, hasta podía parecer bonachón. Más atractivo que guapo, y siempre con el *encanto* de su lado. Cultivaba cierta pose de actor de Hollywood, su pasión frustrada.

Y es que Bugsy, que se fue a vivir a California, trabó amistad con buena parte de las estrellas de cine. Entre sus amistades se contaban celebridades como George Raft, Gary Cooper,

Bugsy Siegel en 1940.

EL HOTEL FLAMINGO

Dijeron de él que era «más rápido para apretar el gatillo que para pensar». Pero también meditaba y creaba… solo que a su manera. Siegel fue uno de los fundadores del Sindicato Nacional del Crimen -junto con Lucky Luciano, Al Capone o Frank Costello, entre otros- en 1929, que no era más que una confederación de grupos del crimen organizado principalmente italianos y judíos en todo Estados Unidos. El nombre fue idea de la prensa, claro. Ellos no se dieron nombre, pero a nivel popular resultaba muy sugerente la imagen de una reunión de las mentes más perversas del país.

Siegel, además, se encargó de montar el brazo ejecutor del Sindicato, que recibió de los medios el afortunado nombre de Murder, Inc. («Crimen, Sociedad Anónima»). Dicha organización mató a cerca de 1000 personas entre 1929 y 1941, año en que la justicia pudo acabar con ella.

Bugsy Siegel Shot to Death In California

Beverly Hills, Cal., June 21 (AP) — Gangland bullets late last night snuffed out the life of Benjamin (Bugsie) Siegel, 41, gambler and one-time public enemy, as he sat quietly in a home here reading a newspaper.

Police Capt. William W. White said an unidentified gunman smoked up to an open window shortly after Siegel and a party of friends returned from dining at an ocean park beach seafood through the curtains.

BUGSY SIEGEL

Frank Sinatra, Clark Gable o Cary Grant. A algunos de ellos les pidió prestadas elevadas sumas de dinero, que nunca llegó a devolver: sabía que no se atreverían a pedírselo. Jean Harlow, la primera gran estrella femenina del cine sonoro, fue la madrina de su primera hija. El propio Raft, incluso, le propuso a Bugsy hacer unas pruebas de cámara. Quizá quiso creer que su amistad con los productores Louis B. Mayer y Jack Warner, judíos como él, le haría posible un cambio de profesión. No fue suficiente.

El hotel Flamingo de las Vegas, en el año 2012.

¿Quién mató a Bugsy?

Son dos las teorías principales:

- Una vez celebrada una reunión de los principales jefes mafiosos en La Habana, a finales de 1946, Luciano decidió acabar con la vida de Siegel, por las ingentes deudas contraídas. Se creía, además, que Virginia Hill había desviado a sus bolsillos parte de las inversiones.

- A Siegel se le habría visto jurar que iba a deshacerse de su antiguo socio Moe Sedway. Cuando este se enteró, contrató a un hombre (amante, por cierto, de su mujer) para adelantarse a su amigo.

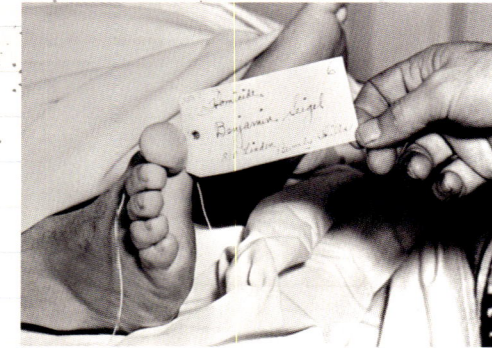

El cadáver de Bugsy Siegel, en la morgue.

Un proyecto faraónico

El mayor «logro» profesional de Bugsy fue crear el germen de lo que hoy es Las Vegas: la capital mundial del juego. Se dice que en 1931 –cuando se legalizaron las apuestas–, cruzaba el desierto en su lujoso Cadillac V16 y tuvo una visión: en ese desangelado rincón del desierto iba a construir un hotel como no se hubiera visto en el mundo. Incluiría un *spa*, un centro de salud, un salón de espectáculos con las estrellas más cotizadas, un campo de golf, clubes nocturnos, restaurantes exclusivos y el mejor alcohol: un cóctel inmejorable para facilitar la adicción. Contaba Bugsy con la prepotencia que otorga vivir en la mafia, donde el querer equivale a poder.

Los costos serían altísimos, pero convenció a su socio Lansky y a otros inversores para poner su dinero en ese oasis del desierto. El presupuesto: un millón de euros de 1945, mucho, pero quizá suficiente para un arquitecto racional. Sin embargo, como diseñador de hoteles Bugsy resultaba menos certero que como pistolero. Su carácter caprichoso lo llevó a acometer variaciones sobre los planos que multiplicaron por dos, por cuatro... ¡hasta por seis! el montante inicial. Pero el edificio se inauguró finalmente a finales de 1946. Fue bautizado como hotel Flamingo: así llamaba Siegel, por sus largas piernas, a su novia de entonces, la actriz Virginia Hill.

El hotel casino arrojó unas pérdidas astronómicas durante sus primeros meses. Lucky Luciano, exilado en Italia, le había mandado toneladas de mármol de Carrara y le había prestado un millón de dólares; otros mafiosos no llegaron a sumas tan altas. ¿Fue esa la sentencia de Bugsy?

EL «ESPECIAL MOE GREENE»

Una curiosidad sobre la muerte de Bugsy: la imagen del fallecido, cuyo rostro con la cuenca de ojo vacía -por ahí salió una de las balas- se convirtió en icónica. El autor de *El padrino*, Mario Puzo, se basó en Siegel para uno de sus personajes, Mo Greene. En la película, este personaje muere asesinado de un tiro en el ojo. Desde entonces, en la tradición mafiosa, un encargo de este tipo se denomina «hacer un especial Moe Greene».

Un final solitario

La medianoche del 20 de junio de 1947, Siegel leía el periódico en la casa –un auténtico palacete– que le había alquilado a su querida Hill. El salón estaba profusamente decorado, quizá demasiado. Puede que recordase que él nunca había dejado de ser un nuevo rico, que a un chico salido de las calles siempre le gusta demostrar cuánto ha conseguido en la vida. Poco tiempo le quedaría para ello. Un asesino profesional lo vigilaba a través de una ventana, con aviesas intenciones. Lo sabemos porque llevaba una carabina M1 calibre .30, con la que efectuó fuego en nueve ocasiones. No se encontró el arma, pero bastaron las balas. Cinco de ellas impactaron en el cuerpo de Siegel, rápidamente un cadáver. Las otras cuatro acabaron con un piano de cola y una estatua de Baco, entre otras pérdidas.

Al día siguiente, sus antiguos socios tomaron el control del Flamingo. A su funeral solo asistieron su antigua esposa, sus hijos y sus hermanos.

La muerte de Bugsy provocó un gran revuelo en todo el país. Pero el mundo de la mafia cambió poco: siempre hay alguien que ocupa el hueco.

Lápida de Bugsy Siegel en el cementerio Hollywood Forever de Los Ángeles. En ocasiones aparece cubierta con marcas de labios de carmín.

EL CRIMEN DEL SIGLO:
JOHN F. KENNEDY

¿FUE UN LOBO SOLITARIO O UN COMPLOT?

El asesinato de John Fitzgerald Kennedy seguirá siendo -hasta que el futuro lo confirme o lo desmienta- uno de los misterios más intrigantes de la historia. Quien quisiera acabar con la vida del hombre que dirigía a la nación más poderosa del mundo habría de tener fuertes motivos... y apoyos.

INFORME JK-2311/63

El presidente saluda a los texanos que lo reciben entre vítores. Dallas está de fiesta. De repente, se oyen unos tiros (¿tres?, ¿cinco?). Luego, cientos de gritos: han disparado a Kennedy. ¡Han matado al presidente!

FECHA DEL CRIMEN
23 de noviembre de 1963.

MOTIVACIÓN
Política.

ESTATUS DE LA VÍCTIMA
Presidente de Estados Unidos.

NÚMERO DE VÍCTIMAS
Una (y un herido).

REPERCUSIÓN
El vicepresidente Lyndon B. Johnson pasa a ocupar la presidencia del país.

¿HAY SOSPECHOSOS?
La teoría oficial estableció que hubo un solo asesino. Otras investigaciones dan por seguro que hubo un complot: ¿la mafia?, ¿los servicios secretos?, ¿los anticastristas?

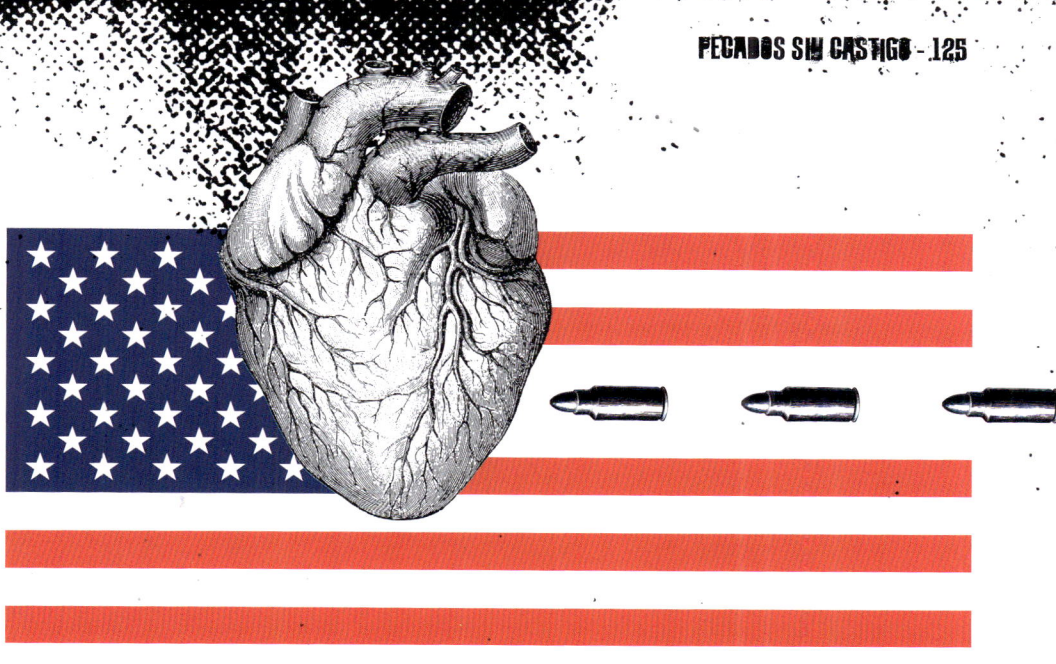

PODEMOS ESTAR HABLANDO sobre el crimen más famoso del siglo XX y uno de los que más se ha escrito y leído en la historia. Porque el asesinato del dirigente de mayor poder en el planeta siempre genera conmoción, pero si está repleto de incógnitas, sospechosos y conjeturas, el tiempo no hace más que aumentar la leyenda. Es lo que sucede con el tiroteo a JFK, la mañana del 22 de noviembre de 1963, en Dallas.

Un mirlo blanco

Desde que nació, en 1917, John Fitzgerald (apellido materno) Kennedy (el paterno) parecía haber bebido de la marmita de los elegidos. Ya a los 18 años, al acabar el bachillerato, le colgaron el cartel, en la revista del instituto, de «Quien tiene más probabilidades de llegar a presidente». Su familia era adinerada y gozaba de unas estupendas relaciones. Él era listo, apuesto, daba gusto oírle hablar. ¿Que era de origen irlandés y católico? ¿A quien le podía importar ya eso, cuando en la Segunda Guerra Mundial se ganó varias medallas y reconocimientos? Eso destacaban sus apologetas: él se quitaba importancia, decía no merecerlas. Parecía el yerno ideal y, cuando se metió en política, el político ideal.

Por eso, cuando el 20 de enero de 1961 se convirtió en el 35º presidente de Estados Unidos, muchos lo vieron como algo de lo más previsible. Lo hizo aportando grandes novedades, como ser joven, sonriente y el primer católico en toda la historia del país.

Un presidente incómodo

Sin embargo, pronto saltaron las alarmas en ciertos cuarteles generales del poder. Algunas de las reformas de ese atrevido presidente podían llegar a pisar el *modus vivendi* de tipos que movían mucho dinero e influencias. Algunos ejemplos:

INVASIÓN DE BAHÍA DE COCHINOS

Planeada ya en la legislatura del anterior presidente (Eisenhower), Kennedy autoriza la operación por parte de guerrilleros anticastristas en abril de 1961. Sin embargo, Kennedy no les asistió como ellos deseaban. La invasión resultó un completo desastre, y la CIA señaló al presidente.

CRISIS DE LOS MISILES

En octubre de 1962, el mundo temió una escalada nuclear por los misiles que la URSS iba a colocar en Cuba. Al final, un pacto de Kennedy con Kruschev llevó a los soviéticos a deponer el plan. Algunos pensaron que el presidente había cedido demasiado.

JUICIOS CONTRA LA MAFIA

Había rumores de que JFK se había apoyado en la mafia en el ascenso de su carrera política. Robert Kennedy, su hermano, fue elegido Fiscal General e inició una ofensiva judicial contra ellos. Esto, unido a la pérdida del lavadero de dinero en Cuba, predispuso a los mafiosos contra los Kennedy.

MOVIMIENTO POR LOS DERECHOS CIVILES

Tanto John como Robert fueron firmes partidarios de atender las reclamaciones de las minorías -sobre todo, la afroamericana- por lograr derechos equiparados a los de la población blanca. Esto incomodaba al sector más ultraderechista del país y a los estados sureños de pasado esclavista.

Así las cosas, Kennedy estaba resultando un presidente tan popular entre la población como impopular en según qué esferas. Pero nadie se esperaba lo que iba a suceder aquella mañana del 22 de noviembre de 1963.

Terror en Dallas

JFK –junto a su mujer Jackeline y el gobernador de Texas– recorría Dallas en un coche Lincoln Continental. Miles de personas salían a saludarlo por las calles. Algunos centenares, los que se citaban en la plaza Dealey, fueron testigos de los balazos que iban a acabar con la vida del presidente. A las 12:29, el coche giró a la izquierda y entró a la plaza Dealey. Menos de un minuto después, en un intervalo de cinco segundos, se oyeron tres disparos. ¿O fueron cuatro? ¿O cinco? Los testigos difieren. Una cosa es segura: JFK se convirtió en el cuarto presidente de Estados Unidos asesinado (tras Abraham Lincoln, James Abram Garfield y William McKinley).

En cualquier caso, la policía encontró tres casquillos de bala en el sexto piso del Depósito de libros

LA ESCENA DEL CRIMEN

Si atendemos a la teoría de los tres disparos (y de un único asesino), parece claro que:

1 Se realizan desde el sexto piso del Depósito de libros escolares de Texas.

2 El primero yerra, da en la calzada y las esquirlas dañan a un ciudadano llamado James Tague.

3 El segundo hiere a Kennedy por la espalda y causa múltiples heridas al presidente y al gobernador de Texas, delante de él.

4 El tercero impacta en la cabeza de Kennedy, le revienta el cerebro y acaba con su vida.

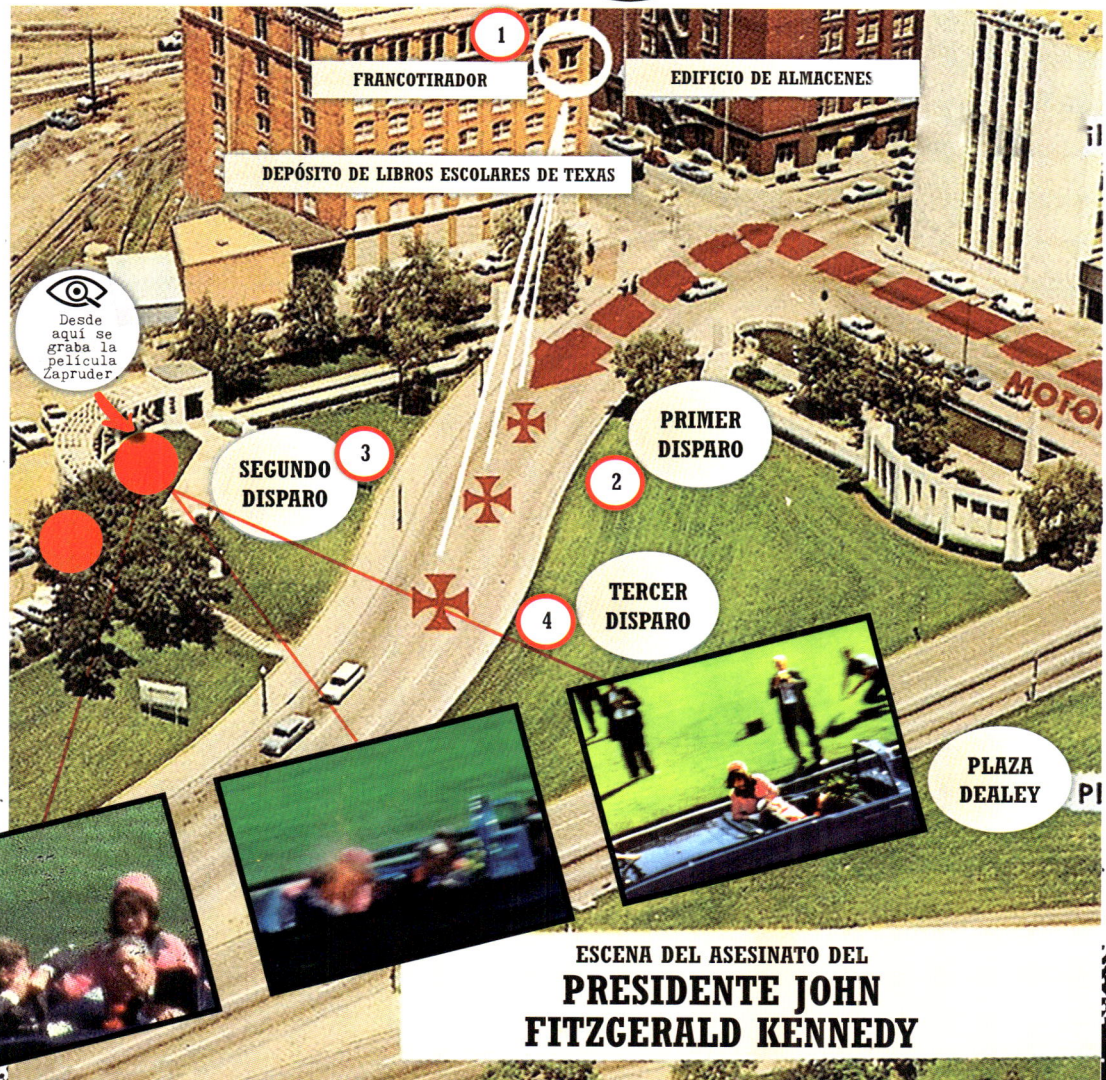

FRANCOTIRADOR

EDIFICIO DE ALMACENES

DEPÓSITO DE LIBROS ESCOLARES DE TEXAS

Desde aquí se graba la película Zapruder.

PRIMER DISPARO

SEGUNDO DISPARO

TERCER DISPARO

PLAZA DEALEY

ESCENA DEL ASESINATO DEL
PRESIDENTE JOHN FITZGERALD KENNEDY

escolares y un rifle Mannlicher-Carcano (de fabricación italiana) con las huellas de Lee Harvey Oswald, un tipo oscuro que trabajaba allí y que estaba en el edificio a la hora del magnicidio. Tras esperarlo a la salida de un cine, donde se refugiaba después de matar a un agente, la policía lo detuvo.

Oswald siempre –en realidad, durante apenas un par de días– declaró ser un simple «chivo expiatorio». No tuvo mucho tiempo para defenderse. Dos días después, lo asesinaron (ver recuadro).

Consecuencias y conclusiones

Lo primero: el vicepresidente Lyndon B. Johnson juró el cargo como sucesor y 36º presidente, en el propio avión presidencial Air Force One de regreso a Washington desde Dallas. Johnson creó una comisión para «certificar, evaluar e informar» sobre el asesinato. La comisión fue presidida por Earl Warren y su dictamen se mantiene como el oficial, pese a que pocos creen ya que Oswald actuase solo: esa fue su conclusión. El informe también concluyó que una sola bala atravesó a Kennedy y llegó hasta el gobernador, alcanzando a ambos en varios lugares, lo que ayuda a explicar cómo un solo hombre armado llevó a cabo el ataque. El hallazgo se conoció como la «teoría de la bala mágica».

En 1976 se constituyó el Comité Selecto de la Cámara de Representantes sobre Asesinatos para investigar los magnicidios de JFK y de Martin Luther King. En aquella ocasión, se concluyó que hubo cuatro disparos; uno de ellos se efectuó desde un montículo de hierba (*grassy knoll*, en inglés), de lo cual se infiere que hubo dos asesinos y, tras ellos, una conspiración mayor. Fueron muy críticos con

La comitiva del presidente Kennedy, momentos antes de los disparos.

Oswald, boca cerrada

Dos días después del asesinato, mientras trasladaban a Oswald por los estacionamientos subterráneos del cuartel de la policía, un desconocido se abrió paso entre la multitud y le disparó mortalmente (foto). El hombre era Jack Ruby, un empresario con evidentes conexiones con el hampa. En su juicio, alegó que lo hizo «por impulso», pero sus vínculos mafiosos invitan a pensar que actuó para cerrar la boca del hombre clave.

la FBI, la CIA y la Comisión Warren, pero no se hallaron pruebas para señalar a los autores intelectuales. Desde entonces, la expresión *grassy knoll* se emplea en jerga inglesa para connotar sospechas, una especie de «aquí hay gato encerrado».

Entonces, ¿quién?

Las teorías conspirativas se han sucedido a lo largo de los años. Citamos aquí tres de las más «consolidadas». La mayoría de ellas dan por bueno que, al menos, Oswald apretó tres veces el gatillo de un rifle, pero... ¿quién o quiénes le dieron cobertura?

1. LA MAFIA, EL FBI Y HOOVER. John Edgar Hoover fue el director del FBI de 1925 a 1972, y amigo personal de Lyndon B. Johnson. Aunque su labor era acabar con la mafia, se le relacionaba con asuntos oscuros con mafiosos. Los Kennedy lucharon con dureza contra la mafia y puede que Hoover facilitase la *vendetta* a través del FBI.

2. EL VICEPRESIDENTE LYNDON B. JOHNSON. Si Kennedy era la cara alegre y entusiasta del tándem demócrata, Johnson encarnaba su contrapunto. Tenía distintas investigaciones abiertas por supuestos escándalos, chocaba con el Fiscal General (Robert Kennedy) y se rumoreaba que JFK no le renovaría la confianza para la reelección. Tenía mucho que ganar si ocupaba la presidencia.

3. LOS ANTICASTRISTAS Y LA CIA. Kennedy desconfiaba de la CIA desde el fiasco de Bahía de Cochinos. La CIA lo acusaba de no haber apoyado la invasión debidamente. Los anticastristas, también relacionados con el lavado de dinero en Cuba (y con la mafia), deseaban otro presidente más enérgico contra Fidel Castro.

En 2003, una encuesta afirmaba que el 70 % de los estadounidenses sospechaban que, tras el crimen del presidente, se ocultaba un complot.

LA DESAPARICIÓN DE MEHDI BEN BARKA

¿UN ASUNTO DE ESTADO?

Todos los crímenes -suponemos- son ominosos, pero si es un Estado quien lo promociona, aún más. Fue precisamente la justicia francesa la que trató de despejar dudas sobre el asesinato de este importante activista marroquí, pero quedaron varios cabos sueltos...

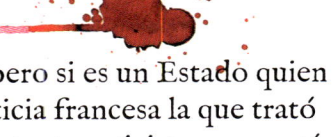

INFORME BB-2910/75

Ben Barka ha quedado en un elegante café parisino para conversar sobre una película a la que va a servir de documentalista. Pero dos policías le piden meterse dentro de un coche. No lo volveremos a ver, ni vivo, ni muerto.

FECHA DEL CRIMEN
29 de octubre de 1975 (probable).

MOTIVACIÓN
Asuntos políticos.

ESTATUS DE LA VÍCTIMA
Líder de la oposición marroquí y de los países del Tercer Mundo.

NÚMERO DE VÍCTIMAS
Una.

REPERCUSIÓN
La oposición marroquí se descabeza y la Conferencia Tricontinental fracasa.

¿HAY SOSPECHOSOS?
Los servicios secretos marroquíes y sus equivalentes franceses se reparten las culpas. Se afirma que también estaban al tanto estadounidenses e israelíes.

LA *BRASSERIE* LIPP, en el parisino *boulevard* Saint Germain, es un café restaurante que abrió en 1880. Su rancio abolengo le permite tener entre sus comensales de postín a poetas como Verlaine o Apollinaire, a actores como Belmondo o Elizabeth Taylor, a políticos como Mitterrand o Clinton, amén de contar con su propia página en la Wikipedia. Entre sus honores se cuenta el de haber sido el último lugar en que vieron con vida a Mehdi Ben Barka, activista marroquí; si exceptuamos, claro, a quienes lo secuestraron y mataron.

Matemáticas y nacionalismo

Ben Barka fue uno de esos tipos brillantes aunque intentase esconderlo. En su niñez, su familia solo tenía recursos para mandar a la escuela al hermano mayor –como era habitual–. Mehdi lo acompañaba todos los días y lo esperaba en la puerta, hasta que un día la maestra premió su paciencia dejándolo entrar como oyente. Allí se dieron cuenta de que ese niño perdía el tiempo en la calle: acabó el bachillerato con matrícula de honor. Años más tarde, se convirtió en el primer licenciado en Matemáticas graduado en Marruecos. Por entonces empezaron a llamarlo *Dinamo*, por su incansable actividad, apodo que conservó toda su vida.

Pronto trazó sus vínculos con el movimiento nacionalista. Por entonces, Marruecos era un protectorado de Francia, y en 1944 fue uno de los primeros firmantes del *Manifiesto por la Independencia*, que dio lugar al nacimiento del Partido Istiglal («Independencia»). Como muchos de los que lo suscribieron, aquello le valió dos años de cárcel. Cuando salió, se convirtió en profesor de

Hassan, hijo del aspirante al trono Mohammed ben Youssef. Además, continuó sus actividades en pro de la independencia y se convirtió en una pieza angular del movimiento. Hubo quien lo calificó como el «enemigo número uno de Francia en Marruecos».

Exilio e internacionalización

Francia acabó por otorgar la soberanía a Marruecos en 1956, que pasó a ser una monarquía a manos del rey Mohamed V. Objetivo cumplido para Ben Barka... ¿O no? Pronto quedó claro que Dinamo no luchaba tan solo por la soberanía, sino que esta constituía un medio para ir un paso más allá: acabar con el subdesarrollo, el analfabetismo, las estructuras feudales y las desigualdades sociales. Él mismo lo expresó así: «Para nosotros no se trata solo de poner fin a la explotación del período del protectorado, sino también a la explotación que pudo haber existido del hombre marroquí por el hombre marroquí». Fue esto lo que lo llevó a romper en 1959 con el monarca Mohamed V, quien lo había designado presidente del primer Parlamento marroquí. El nuevo rey parecía conformarse con detentar el poder y dejar las cosas más o menos como estaban. Ben Barka creó entonces un nuevo partido, la Unión Nacional de Fuerzas Populares, de orientación progresista. De nuevo, una piedra en el zapato para el poder, solo que ahora molestaba a algunos de sus compatriotas.

Ben Barka en Berlín, en 1959.

EL LADO OSCURO DE BEN BARKA

En los últimos años, algunos documentos desclasificados de los archivos checos han causado cierto asombro sobre los últimos años de la vida del líder marroquí. Según lo recopilado, Ben

Antoine López, uno de los acusados en el juicio de Ben Barka, llega a las dependencias de la policía judicial, en 1965.

Barka cooperó con los servicios de inteligencia checoslovacos (StB) desde 1961 hasta su desaparición en 1965. Como hombre viajado y bien relacionado, Ben Barka poseía información sobre diferentes países y políticos, que en el bloque comunista se recibía como «extremadamente valiosa». Le pagaron bien por ello. ¿Fue quizá ese dinero -y el descrédito que habría supuesto- lo que quisieron encontrar sus asesinos?

Este acto le costó el exilio en París. A la muerte de Mohammed V en 1961, Hassan II subió al trono y anunció que quería empezar desde cero con Ben Barka. Mehdi volvió a Marruecos, pero al poco sufrió un «accidente de tráfico» que casi le costó la vida; en realidad, un coche de la policía empujó su vehículo por un barranco. El activista volvió al exilio y esta vez orientó sus fuerzas –además de en su país– a liderar el movimiento tercermundista (entre medias, fue condenado a muerte en rebeldía en su país, dado que su partido fue relacionado con un intento de golpe de Estado). En poco tiempo, Mehdi ganó gran prestigio entre los dirigentes de las naciones orilladas por las superpotencias por la firmeza de sus convicciones y su dinamismo. Fue uno de los máximos impulsores de la Conferencia Tricontinental, que se celebraría en La Habana en 1966, que reunió a 82 países del Tercer Mundo.

Pero él no llegaría a verla.

Un complot de largo alcance

Volvemos a París, al *boulevard* Saint German, con la sombra de sus plátanos, sus edificios abuhardillados y sus ventanas de barrotillo, tan sugerente como siempre aquella mañana del 29 de octubre de 1965.

Ben Barka se había convertido en un nómada, que vivía a caballo entre varios países. En París tenía una de sus residencias más habituales. Allí había contactado con él, meses antes, un tal Georges Figon, presunto productor de una película que iba a dirigir el prestigioso director Georges Franju y cuyos diálogos iba a escribir la célebre Marguerite Duras. *¡Basta!* trataría sobre la descolonización y Ben Barka había sido fichado en calidad de asesor histórico. Estas tres figuras creían que la producción de la película estaba en proceso. Figon, no; él sabía que todo era un montaje de largo alcance, pertrechado por un hombre no identificado, pero de origen marroquí, para quien trabajaba. La idea era poder citar a Ben Barka en algún sitio, a alguna hora, cuando conviniese. Ese sitio, esa hora, habían llegado.

Figon había citado a Ben Barka en la *brasserie*, con la excusa de departir con Franju pormenores de la película. Ben Barka decidió acudir con un estudiante de Historia amigo suyo. Cuando llegaron, unos supuestos agentes de policía franceses, de paisano, le pidieron que entrase en un automóvil y espantaron a su amigo. Al parecer, Ben Barka entró sin oponer resistencia; al día siguiente tenía una cita con el presidente francés, Charles de Gaulle, y quizá pensase que algo tuviera que ver aquello. El coche desapareció en el tráfico parisino. Ya lo sabemos: fue la última vez que alguien –que le deseese algún bien– lo vio con vida.

Juicio y preguntas

Su silencio en las horas siguientes llevó a la denuncia policial. Nadie sabía nada, Ben Barka se había (*lo habían*) esfumado. Con el tiempo –y el juicio– se sabrían algunos detalles. Al parecer, aquellos dos hombres eran dos auténticos policías franceses, que actuaban bajo el mando de Antoine López, un colaborador de los servicios secretos franceses. A Ben Barka lo llevaron al chalet de un amigo de López, miembro de los *barbouzes*, los agentes clandestinos del Estado, encargados de lidiar con los trapos sucios. Una vez allí, los servicios secretos marroquíes tomaron el control.

Se torturó sin piedad a Ben Barka, al que le querían arrancar la clave de unos documentos que guardaba en un banco suizo, que podrían comprometerlo. Se duda de si esa era la principal intención, y después lo mataron adrede, o de si la idea

SUICIDIOS «CURIOSOS»

Mohammed Ufqir, presunto asesino de Ben Barka, falleció en 1972 con varios tiros en su cuerpo, aunque oficialmente se habló de un suicidio, lo que en Marruecos, jocosamente, se dio a llamar «suicidio por la espalda».

Georges Figon, quien en 1966 se escondía de la ley -que lo llamaba para declarar en el juicio por la desaparición de Ben Barka- y concedía entrevistas de pago a los medios, fue localizado sospechosamente muerto en su apartamento. El semanario satírico *Le Canard Enchainé* tituló sarcásticamente: *¡Georges Figon, suicidado con tres balazos mortales en la cabeza!*

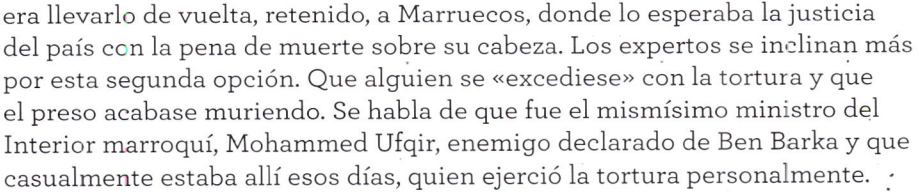

era llevarlo de vuelta, retenido, a Marruecos, donde lo esperaba la justicia del país con la pena de muerte sobre su cabeza. Los expertos se inclinan más por esta segunda opción. Que alguien se «excediese» con la tortura y que el preso acabase muriendo. Se habla de que fue el mismísimo ministro del Interior marroquí, Mohammed Ufqir, enemigo declarado de Ben Barka y que casualmente estaba allí esos días, quien ejerció la tortura personalmente.

El juicio iluminó varias zonas del caso, pero dejó otras en tinieblas. ¿Cuál fue el verdadero papel del Gobierno francés en el caso? ¿Tenían conocimiento de ello y se dejó hacer? ¿Intervinieron la CIA y el MOSAD, como afirmó la familia Ben Barka? Y, sobre todo: ¿qué fue del cuerpo del activista? A este respecto, en lo que llevamos de siglo varios personajes relacionados con la trama han defendido saber lo que sucedió. Desgraciadamente, con versiones contradictorias. Una afirma que el cuerpo llegó a Marruecos y lo disolvieron en ácido para no dejar rastro (operación que Hassan II habría ordenado filmar). Otra dice que enterraron el cuerpo en un sarcófago de cemento en Francia, excepto la cabeza, que viajó a Rabat para certificar la muerte ante el rey, como si de Juan Bautista se tratase.

La familia de Ben Barka sigue litigando pese al paso de los años y acusa al Gobierno francés de mantener un silencio de Estado para protegerse a sí mismo.

MATAR A UNA ESPERANZA:
MARTIN LUTHER KING

EL SUEÑO ROTO DE UN LÍDER

Él tenía un sueño, quizá demasiado ambicioso. Hubo quien así lo pensaba y decidió cortarle las alas, sin pensar que quizá no hiciera más que elevar el movimiento imparable que quería cercenar. Martin Luther King, aunque muerto, siguió sirviendo a su causa.

INFORME MLK-44/68

MLK descansa tras un largo día de trabajo en la terraza de un humilde hotel destinado solo para negros. Se oye un disparo y el reverendo cae a plomo. Todos señalan al lugar de donde ha venido el disparo, pero el autor desaparece.

FECHA DEL CRIMEN
4 de abril de 1968.

MOTIVACIÓN
Crimen de odio.

ESTATUS DE LA VÍCTIMA
Líder del Movimiento por los Derechos Civiles, que busca la igualdad racial.

NÚMERO DE VÍCTIMAS
Una.

REPERCUSIÓN
Disturbios en todo el país. Otros líderes retoman su labor.

¿HAY SOSPECHOSOS?
Se declara culpable a James Earl Ray, que estaba en la escena del crimen, pero la familia de King denuncia una conspiración de la mafia y el Gobierno.

La vida de Martin Luther King fue de las que merecieron vivirse, porque hizo de este mundo, para muchos, un lugar mejor. O, al menos, un lugar con mayores esperanzas de justicia. Pero alguien decidió que esa vida era ya demasiado larga, y que otorgaba demasiadas esperanzas a las personas equivocadas. Y, aún hoy, cuesta identificar quién fue ese alguien.

Nombre premonitorio

Michael King nació en 1929 en Atlanta, en el estado de Georgia, en la boca del lobo del segregacionismo. Con todo, él tuvo suerte. Pese a sufrir el racismo en sus carnes, pudo estudiar, y se desempeñó como un alumno brillante. Llegó a cursar estudios universitarios, se licenció en Teología y encontró sus referentes en líderes políticos que predicaban la no violencia, como Benjamin E. Mays o el universal Mahatma Gandhi. Políticamente, estaba convencido del «fin de la utilidad histórica del capitalismo» y se declaraba socialista.

Su padre –también pastor bautista como él– le había cambiado el Michael por Martin Luther a los cinco años de edad, tras un viaje a Alemania, en homenaje al protestante –y muy rebelde en el siglo XVI– Martín Lutero. Todo un acierto, que describía el carácter de un joven que iba a cambiar su tiempo.

No violencia / Sí rebeldía

Pronto se erigió en un líder. Sobre su fuerza, sobre sus atronadores discursos, se apoyó el Movimiento por los Derechos Civiles, que desde aproximadamente 1955 –cuando Rosa Parks se negó a ceder su asiento de autobús a un blanco– buscaba que los negros de Estados Unidos se equiparasen en derechos a los blancos. El presidente, Lyndon B. Johnson, aprobó en 1964 la Ley de Derechos

Civiles, en la que se recogieron casi todas sus reivindicaciones. Pero, aunque la ley los respaldaba, quedaba lo más difícil: que lo que es legal se refrendase en el día a día.

King fue un hombre odiado y admirado a partes iguales. O, posiblemente, recibiese mucha más admiración, pero el odio era más intenso (y peligroso). Con el Gobierno demócrata estadounidense llegó a buenos acuerdos, pero el FBI lo vigilaba desde 1961. Creía que el Movimiento por los Derechos Civiles era un escondrijo de comunistas y que King era su líder. Pero no consiguieron prueba alguna.

Cuando el Gobierno norteamericano aprueba la Civil Rights Act, su discurso se torna especialmente crítico con la guerra de Vietnam. Eso le suma más antipatías en la ultraderecha. También pone sus dardos contra un sistema que genera riqueza pero demasiados pobres y excluidos: más odios y miradas torcidas por todos aquellos que lo ven como un comunista encubierto. Redistribuir los recursos para corregir los desequilibrios les suena a bolchevique.

El crimen

3 de abril de 1968, en Memphis. King acababa de dar un discurso en la iglesia Mason Temple. Hasta allí había ido para apoyar la huelga de los trabajadores negros del servicio de recogida de basura de la ciudad.

Martin Luther King, el día de Año Nuevo de 1964.

LA MARCHA SOBRE WASHINGTON

El 28 de agosto de 1963 no solo hacía calor en Washington por el verano sofocante. Cerca de un cuarto de millón de personas (con un 20% de blancos) se apostaron por todo el National Mall de la capital para protestar contra la discriminación racial en Estados Unidos e impulsar la aprobación de la Ley de los Derechos Civiles (1964) y la Ley del Derecho al Voto (1965) que había promovido el Gobierno demócrata. Fue allí donde Martin Luther King pronunció su histórico discurso, recordado por la frase «Yo tengo un sueño», en el que clamaba por «las riquezas de la libertad y la seguridad de la justicia».

Sin duda, un hombre que luchaba contra el racismo, contra la pobreza y militarismo en el país donde habían muerto Lincoln y Kennedy, era un blanco muy deseado.

No solo los azotaba el racismo, sino la pobreza. MLK fue a ofrecerles su aliento. Había llegado esa misma mañana en avión desde Atlanta. El vuelo salió tarde por una amenaza de bomba. Nada nuevo; poco años antes una perturbada lo había apuñalado, quedándose a unos milímetros de la aorta. Así que Martin era consciente de que el odio en su contra lo estaba cercando. En ese mismo discurso apuntó la posibilidad de que acabaran con él... Pero que su lucha debería seguir sin él.

Agotado, fue con su equipo al motel Lorraine, un alojamiento humilde, creado para hospedar a negros. Ocupó la habitación 306.

El día siguiente lo dedicó a planificar los detalles de una nueva marcha sobre Washington, esta vez para denunciar la pobreza. Permaneció en su habitación con sus colaboradores. Algo antes de las seis de la tarde salieron a la terraza, hasta los iconos necesitan un descanso. A las 18:01 todos oyeron un disparo.

King, durante su discurso del 28 de agosto.

Todos menos uno. ¿Se oye el disparo de tu propia muerte? Era una bala para Martin. Le entró por su mejilla derecha, le rompió la mandíbula, varias vértebras, le dañó la vena yugular y acabó en su hombro izquierdo. El impacto fue tan fuerte que le arrancó el nudo de la corbata. Sus colaboradores apuntaron al lugar desde donde había llegado el disparo. En el motel de enfrente una sombra se ocultó y se dio a la fuga.

La sangre manaba por el pómulo de King. Estaba inconsciente, apenas quedaba rastro del pulso. No volvería nunca en sí. Certificaron su muerte en el Saint Joseph's Hospital a las 19:05 de ese mismo día.

Cuando la noticia se expande entre la población negra, de nada sirvieron los discursos televisados del presidente Johnson y de los pastores que habían acompañado a King en sus últimos momentos. A medianoche, los incendios y los saqueos se sucedieron por Washington, la ciudad en la que King quería impulsar su mensaje pacifista. Los muertos empiezan a llegar en enfrentamientos con la policía. Los disturbios se sucedieron por todo el país: Cincinatti, Pittsburgh, Detroit, Baltimore... Al menos, King logró dos pequeños triunfos póstumos: en Memphis, los basureros consiguieron sus reclamaciones; el 12 de mayo, su mujer Coretta lideró en Washington la «Marcha contra la pobreza».

¿Demasiadas sospechas?

¿Y el asesino? En un primer momento huyó. Dejó sus huellas en la escena del crimen y el arma abandonada y se procedió a su identificación: era James Earl Ray, un delincuente de poca monta, tornado en supremacista blanco con ganas de hacerse famoso. ¿Seguro?

Al menos es seguro que él había estado en la escena del crimen y que puso tierra de por medio. Abandonó Estados Unidos y llegó a Canadá. Allí permaneció un mes, consiguió un pasaporte falso a nombre de Ramon George Sneyd. De Toronto voló a Londres, creía que desde Europa podría viajar a

El Movimiento por los Derechos Civiles siguió fuerte pese al asesinato de King, que se convirtió en un mártir.

INTERESES OCULTOS

Existen otras dos teorías, al menos, alternativas a la oficial:

- En 1999, la familia King consiguió que se abriese un juicio civil contra un tal Loyd Jowers, quien habría recibido dinero de la mafia y el Gobierno para acabar con King. En 2000, el Departamento de Justicia concluyó una investigación sobre Jowers. Su dictamen: no encontró prueba alguna que confirmase la teoría de la conspiración.

King, momentos antes de su asesinato. A su derecha, el reverendo Jesse Jackson.

- En 2002, un ministro de una iglesia afirmó que su padre, Henry Clay Wilson era el asesino. Declaró que no lo hizo por racismo, sino por creer que King era comunista.

África. No lo consiguió desde Lisboa y regresó a Londres. Tenía un nuevo billete para Bruselas, desde donde viajar a Rodesia y ganarse la vida como mercenario. Pero no lo logró. Lo detuvieron en el aeropuerto de Heathrow y lo extraditaron de inmediato.

Casi un año después, Ray se confesó autor del crimen. A los tres días, intentó retractarse. Afirmaba ser un señuelo, el nuevo Lee Harvey Oswald, que él nunca había estado allí, que quizá había sido parte de la conspiración... Pero *tan solo* una parte. A partir de aquí, dedicó el resto de su vida a demostrar su inocencia. La familia de King nunca llegó a creerse que aquel lobo solitario fuese el autor del crimen.

El asesinato de King se considera otro de los oscuros magnicidios que asolaron Estados Unidos a mediados del siglo XX.

Tumba de Martin Luther King y su esposa Coretta en el Martin Luther King, Jr. National Historic Site de Atlanta.

REV. MARTIN LUTHER KING. JR.
1929 ~ 1968
"Free at last, Free at last.
Thank God Almighty
I'm Free at last."

CORETTA SCOTT KING
1927 ~ 2006
"And now abide Faith, Hope,
Love, These Three; but the
greatest of these is Love."
1 Cor. 13:13

Parte III

NUEVOS TIEMPOS PARA EL CRIMEN

EL AUGE DE LA CIENCIA

CUANDO SE ACERCABA EL SIGLO XXI, LA CIENCIA FORENSE DIO UN GRAN SALTO GRACIAS A LOS ANÁLISIS DE ADN Y OTRAS TÉCNICAS, QUE FACILITABAN LA IDENTIFICACIÓN DE LOS ASESINOS. SIN EMBARGO, NO POR ELLO HAN DEJADO DE EXISTIR CRÍMENES NO RESUELTOS.

MUERTE DE UN SINDICALISTA:
JIMMY HOFFA
¿DÓNDE ESTÁ EL CADÁVER DE HOFFA?

Uno de los personajes más famosos durante más de 20 años en Estados Unidos, Jimmy Hoffa, ha alcanzado la «eternidad« gracias a su misterioso crimen, que la industria audiovisual ha tratado de recrear en ocasiones. Fue, sin duda, un hombre que dejó su firma en una época de magnicidios.

INFORME JH-307/75

Un hombre llega tarde a casa. Es decir, su mujer lo espera para cenar, pero no llega ni para dormir. Denuncia el hecho a la policía. Pero nunca, nadie, jamás, encuentra el cuerpo de su marido, Jimmy Hoffa.

FECHA DEL CRIMEN
30 de julio de 1975 (probable).

MOTIVACIÓN
¿Mafia y poder?

ESTATUS DE LA VÍCTIMA
El sindicalista más famoso del país.

NÚMERO DE VÍCTIMAS
Una.

REPERCUSIÓN
Nunca encuentran el cuerpo y su desaparición se convierte en leyenda. Encontrar la «tumba de Hoffa» se convierte en un lugar común en las conversaciones.

¿HAY SOSPECHOSOS?
El principal es la mafia, pero se ignora qué rama en concreto.

TODOS SABEMOS QUE Estados Unidos tiene su lista de ilustres asesinados (algunos de los cuales aparecen en estas páginas). Algunos alcanzaron más renombre internacional y otros tienen un mayor aroma de consumo interno; es la diferencia entre una hamburguesa de cadena de comida rápida y otra cocinada en una barbacoa en el atardecer de un rancho de reses en el corazón de Texas. Es el caso de Jimmy Hoffa, un sindicalista con un ADN tan norteamericano que con él se podría reconstruir buena parte de la memoria del país en el siglo XX.

Un sindicalista nato

Como buen norteamericano, Hoffa era descendiente de emigrantes. Por parte de padre, de holandeses; por parte de madre, de irlandeses. Nació en 1913 en una ciudad de Indiana llamada Brazil (!), pero pronto se mudaron al estado de Míchigan, en las cercanías del lago Orión. Se casó con una joven lavandera, hija de polacos, a la que había conocido en el transcurso –cómo no- de una huelga. Y es que Hoffa, desde joven, trabajó para mantener a su familia. Dejó los estudios y trabajó en una cadena de supermercados. El sueldo que allí pagaban era irrisorio y los empleados decidieron crear un sindicato. ¿Quién fue uno de sus líderes pese a su bisoñez? A Hoffa le sobraba tanto arrojo como carisma.

Cuando dejó su trabajo, a aquel joven «prometedor» lo ficharon los Teamsters, el sindicato de los camioneros –oficialmente, el IBT (International Brotherhood of Teamsters o «Hermandad Internacional de Camioneros») fundado en 1903–, uno de los más poderosos del país y donde hizo su carrera y forjó su leyenda. No le hizo falta para ello, en realidad, trabajar nunca como transportista.

Duro, hábil, correoso

Da cuenta de su actividad –y de su capacidad de convicción– el hecho de que, durante la Segunda Guerra Mundial, Hoffa logró un aplazamiento del servicio militar al defender con éxito que sus habilidades de liderazgo sindical prestaban a la nación el mejor de los servicios, al mantener el transporte de carga funcionando sin problemas... ¡Qué mejor ayuda para nuestros chicos, decía!

En el ajetreado sector del camión ascendió pronto de delegado de zona, del estado, vicepresidente nacional en 1952... Así hasta llegar a la presidencia en 1957, donde se convirtió en uno de los personajes más populares de Estados Unidos y, sin duda, el sindicalista más conocido y valorado por los suyos. Pero eso, en la Norteamérica de los años 50 –¿y en la de ahora?– no se lograba tan solo hablando con empresarios y políticos de cuello blanco. La mafia era, de alguna manera, el mayor sindicato del país. Eso lo entendió Hoffa muy bien. Demasiado bien.

Pronto comenzaron a saltar los rumores de sus lazos con la mafia. Tampoco se obcecaba mucho en disimularlos. Era la simbiosis por definición, ambas partes utilizaban a su socio para sus necesidades, saliendo los dos fortalecidos. Los mafiosos tuvieron en Hoffa un aliado para lavar su dinero sucio a través del sindicato, para obtener dinero prestado a un interés bajo y construir casinos en Las Vegas, y por supuesto para transportar paquetes, cajones y cualquier recado sin preguntas molestas. Hoffa, por su parte, usó a la mafia y a sus «buenos muchachos», para «convencer» a sus adversarios; es decir, para intimidar a algunos empresarios y forzarlos a negociar. Él, por supuesto, no se consideraba un mafioso y se justificaba con que los empresarios también empleaban la violencia para reventar sus huelgas: «Le hago a los demás lo que ellos me hacen a mí. Solo que peor», llegó a admitir.

Problemas con la justicia

Hoffa, epítome del hombre hecho a sí mismo, era aún un hombre joven, pero de la vieja escuela. Creía que para prosperar tenía que mancharse las manos (y acertaba). Pero el país ya no pensaba igual o, al menos, cada vez aguantaba menos las acciones de la mafia, sobre todo las más públicas. La Fiscalía del Estado, dirigida por Robert Kennedy, puso

Hoffa, durante un acto electoral del sindicato, en 1960.

HOFFA Y LOS KENNEDY

Si para sus afiliados Hoffa era un dios, para el Gobierno (en los 60, ergo los Kennedy) era el demonio por su connivencia con la mafia. Robert Kennedy era el Fiscal General y lo etiquetó como «el mal», su enemigo público número uno. La animadversión era mutua. Hoffa no dudó de calificarlos, en público, como unos «hijos de mamá» y les retó a que encontrasen un «trabajo de verdad». El hombretón hecho a sí mismo contra los aristócratas, en su grueso mensaje entre líneas.

Hoffa no pudo disimular su alegría cuando John Fitzgerald Kennedy fue asesinado el 23 de noviembre de 1963. Algunos expertos en este magnicidio lo señalan como uno de los instigadores, o uno de los motivos por los que la mafia pudo haber querido eliminarlo.

Robert Kennedy, a la izquierda, con Jimmy Hoffa, durante una audiencia en 1958.

sus ojos sobre Hoffa deliberadamente. El hermano pequeño del presidente JFK creó un equipo de fiscales e investigadores llamado *Get Hoffa* («Atrapar a Hoffa»). Guerra sin cuartel contra el sindicalista, que ya se había librado años antes de acusaciones particulares.

Con toda la maquinaria del Estado a su favor, Kennedy logró que Hoffa fuese declarado culpable en marzo de 1964 por manipulación de un jurado, con una sentencia de ocho años de prisión. En julio de ese mismo año, lo condenaron por un cargo de conspiración y tres de fraude postal por uso indebido del fondo de pensiones de los Teamsters, y lo sentenciaron a cinco años de prisión. Se pasó tres años litigando y recurriendo sus condenas, hasta que, en marzo de 1967, Jimmy Hoffa acabó en prisión.

En la cárcel

Pasó cuatro años a la sombra de los 13 que tenía que cumplir. En 1971 llegó a un acuerdo con el presidente Richard Nixon, quien le concedió un indulto con la condición firmada de «no participar en la gestión directa o indirecta de ninguna organización laboral» durante al menos diez años. Además, la IBT, que solía apoyar a los candidatos demócratas en las elecciones, prestó su apoyo al republicano Nixon en las de 1972.

Cuando salió, Hoffa denunció el acuerdo con Nixon ante los tribunales. Quería volver a ocupar su puesto, pero la justicia le dio la razón al presidente. Un momento: en breve, ex presidente, ya que el escándalo Watergate se lo llevó por delante (dimitió en agosto del 74). Eso le abría las puertas –o eso creía él– para volver.

Pero otros vendrán que *malo* te harán. O nadie es insustituible, la rueda de la vida sabe avanzar sin nosotros. O, simplemente, la mafia prefería a quien había sido su sustituto, Frank Fitzsimmons, un hombre menos sanguíneo, más cabal, menos exaltado... más manejable. Habían conseguido de él una rebaja en los intereses a pagar al sindicato por el dinero que prestaban a las familias mafiosas; también quitó la cláusula que los obligaba a cancelar cualquier deuda previa antes de un nuevo préstamo. Más valía lo nuevo conocido que lo viejo *archiconocido*. Quizá Hoffa no vio venir que estaba a punto de convertirse en alguien *molesto*. Como para los Kennedy; pero el Gobierno, salvo excepciones, busca que te pudras en la cárcel, mientas que la mafia prefiere que lo hagas bajo tierra. Con suerte.

Misteriosa desaparición

El 30 de julio de 1975, Hoffa había quedado con dos capos de la mafia –ambos llamados Tony, cómo no– en un restaurante de carretera, el Machus Red Fox, en un suburbio de Detroit. Se sabe que aquellos hombres le hicieron esperar,

De derecha a izquierda: Jimmy Hoffa, su mujer, su hija y su hijo, con simpatizantes antes de la entrada a uno de sus juicios, hacia 1963.

TEORÍAS E HIPÓTESIS

La mafia (si fue la mafia) no tuvo siquiera el detalle de dejar un bonito cadáver. El cine, las series y la literatura se han encargado de recrear diversos finales para Hoffa. Los investigadores han encontrado varias pistas, que los han llevado a buscar su cuerpo en diferentes lugares. Se piensa que:

- Está enterrado bajo un aparcamiento en Cadillac.
- O bajo un edificio de saneamiento en Hamtramck.
- O bajo la línea de 50 yardas en el estadio de los Giants.
- O bajo el jardín de la suegra de un mafioso de Detroit.
- O lo metieron en una trituradora de madera.
- O lo llevaron a un vertedero en un bidón de 200 litros.
- O fue quemado en una incineradora de la mafia.

que Hoffa se impacientaba y llamó por teléfono a su mujer y a un amigo. Dos hombres lo reconocieron, se acercaron a él, aprovecharon para dar la mano a esa celebridad. Y desapareció. Un testigo dijo haberlo visto poco después en la parte trasera de un coche, junto a otros tres hombres. Es lo último que se supo de él. En 1982, un tribunal lo declaró oficialmente muerto.

La suma de las hipótesis sobre quién y cómo mató a Jimmy Hoffa excede a las hojas de este libro, más aún si añadimos las elucubraciones sobre dónde se escondió su cadáver. Baste indicar que, en Estados Unidos, es ya un lugar común citar la «tumba de Hoffa» como sinónimo de lugar recóndito e incierto. Algunos matones se atribuyeron la ejecución de Hoffa, otros dijeron saber qué había sido del cuerpo. Hasta ahora, todo pistas falsas.

Su hijo , James P. Hoffa, fue también presidente de la IBT desde 1998 hasta 2022.

Nadie sabe hoy qué fue de Jimmy Hoffa, aunque los investigadores no pierden la esperanza de recuperar nuevas pistas.

MUERTE DE UN INTELECTUAL:
PIER PAOLO PASOLINI

TODO UN CRIMEN DE ODIO

Cuando encontraron el cadáver de Pasolini, desfigurado, cerca de una playa de Ostia, nadie se creyó la verdad oficial. Parecía imposible que un chapero adolescente se hubiera ensañado de tal manera con este artista de talla universal. Tenía que haber algo más. Pero... ¿qué?

INFORME PP-211/75

Madrugada en Ostia, cerca de Roma. No muy lejos del mar encuentran un cadáver destrozado a golpes, con saña. ¿Es un chapero quien ha matado así a Pasolini o existen otras razones escondidas?

FECHA DEL CRIMEN
2 de noviembre de 1975.

MOTIVACIÓN
Crimen de odio.

ESTATUS DE LA VÍCTIMA
Artista e intelectual.

NÚMERO DE VÍCTIMAS
Una.

REPERCUSIÓN
En Italia nunca creyeron en la versión oficial. Se han realizado documentales que indagan en las diversas teorías.

¿HAY SOSPECHOSOS?
Un asesino confeso, Pino Pelosi. En la sentencia se aseguró que hubo otros implicados en la paliza, pero no se determinó quiénes.

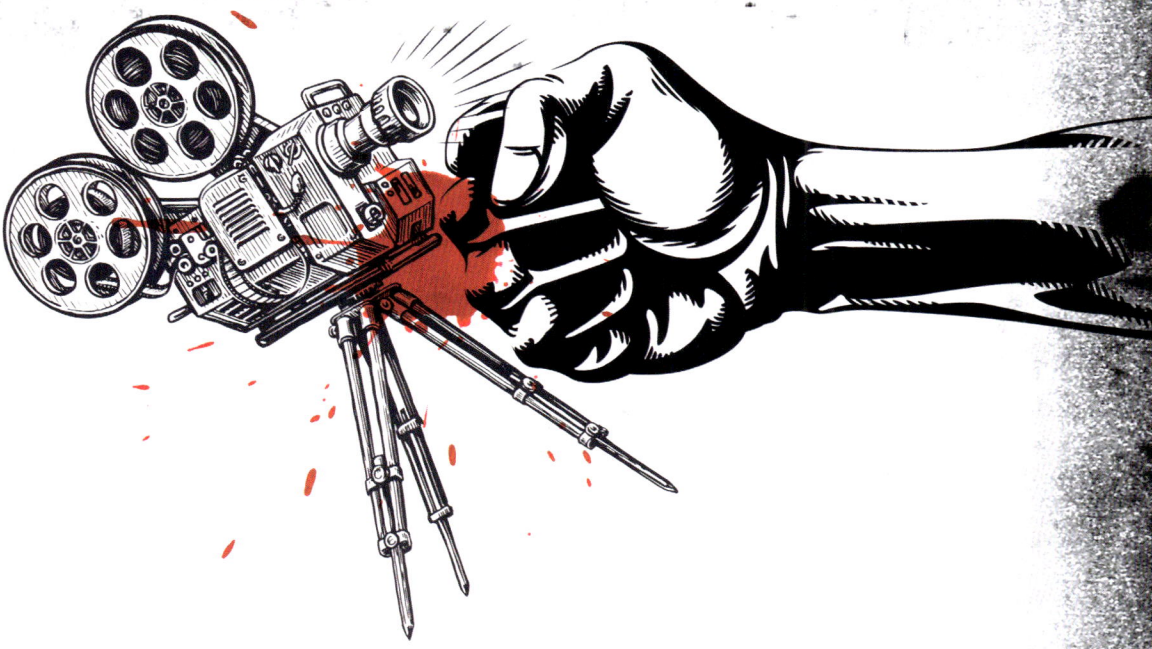

PIER PAOLO PASOLINI: cineasta, actor, poeta, ensayista, novelista, periodista, pintor, homosexual, marxista, librepensador, icono. Pasolini: muerto en un descampado de Ostia, apaleado, abandonado, con el corazón roto, los testículos destrozados, casi irreconocible, víctima de una violencia atroz. ¿Cómo conjugamos al intelectual sublime con el cadáver temprano y desfigurado?

Una sensibilidad especial

No era un cualquiera, Pier Paolo. Nació en 1922, en Bolonia, hijo de un militar de noble raigambre y de una maestra de escuela de familia campesina. Esa mezcla de aparentes opuestos, de supuestos excluyentes, lo caracterizó hasta el final de sus días y por eso resultó incómodo a propios y a extraños, a admiradores y acusadores, porque siempre ofrecía una arista, un pliegue, para bajarse del carro a los primeros, y para subirse a los segundos.

Fue un niño devoto, pero las tempranas lecturas –¡ay, qué peligrosas, qué subversivas, qué necesarias!– de Rimbaud, Baudelaire, Dostoievski, Tolstoi, Shakespeare o Novalis lo fueron alejando de aquel camino para acercarlo a un mundo más personal, *su* mundo, habitado solo por él, por su propia concepción de lo religioso, ya que, aunque cada vez más ateo, siempre supo contemplar *lo sagrado* en la vida.

Sorteó con vida la Segunda Guerra Mundial –no así su hermano Guido– en aquella Italia de los años 40 que cambió de signo en varias ocasiones. Él llegó a ser capturado por el ejército alemán, pero escapó, disfrazado, de vuelta a casa. No podía existir un carácter más reacio a la guerra que el suyo.

Al acabar la contienda, Pasolini se afilió al Partido Comunista italiano. No duró mucho: a los dos años lo expulsaron por homosexual, puesto que ya hacía tiempo que él no ocultaba nada, que vivía en paz consigo mismo. Pero, para otros, incluso para sus compañeros, aquello era indigno, una «degeneración burguesa». Ellos se lo perdían (a aquel egregio militante).

Un verso libre, un verso único

No tardó en destacar en todo lo que emprendió. Pier Paolo era un artista, de eso no quedaba duda, tan solo hacía falta leer sus poemas, sus obras de teatro, sus ensayos, sus novelas, que se fueron publicando desde mediados de los años 40 hasta su muerte. Fue, sin embargo, el cine –la más popular de las artes– el que lo llevó a un reconocimiento internacional. Debutó en 1961 con *Accatone* y funda un estilo propio, un neorrealismo *pasoliniano*, reconocible por su forma y su fondo, que conmueve y remueve a partes iguales. En 1964, por ejemplo, rodó *El Evangelio según San Mateo*, una de las obras más conmovedoras sobre la vida de Jesús, aplaudida incluso por *L'Osservatore Romano*, el periódico de El Vaticano. Ya lo decíamos: incómodo, iconoclasta, también ambiguo, solo fiel a sí mismo.

Su prestigio iba en aumento, dentro y fuera de Italia. También, claro, aumentaban sus enemigos, en especial tras el estreno de la que fue su última película, *Saló o los 120 días de Sodoma*, en la que de forma muy gráfica, aunque también metafórica, denunciaba los excesos del fascismo italiano durante la Segunda Guerra Mundial. ¿Fue aquello el desencadenante de su muerte?

Pasolini, durante el rodaje de *El Evangelio según San Mateo*.

LOS AÑOS DE PLOMO

Si hay un país occidental cuyos ciudadanos no creen en las verdades oficiales, ese es Italia. Eso viene de antaño, pero la sensación se aceleró durante la década de los años 70. Fueron los llamados «Años de Plomo», un periodo de serios incidentes protagonizados por la extrema derecha, la extrema izquierda y las mafias. El miedo a que el Partido Comunista llegase al poder o a que los militares dieran un golpe de Estado actuó como espoleta para una sucesión de atentados mortales, a menudo indiscriminados.

Por ejemplo, tres años después de morir Pasolini, secuestraron y asesinaron a Aldo Moro, el líder democristiano y ex primer ministro, un crimen atribuido a las Brigadas Rojas pero sobre el que aún se ciernen sospechas sobre complicidades en altas esferas.

Las posiciones políticas estaban tan tensionadas que el líder de Democracia Cristiana, Giulio Andreotti -primer ministro italiano en tres ocasiones-, al saber que Pasolini -muy crítico con él- había muerto asesinado «por homosexual», llegó a expresar: «Se lo ha buscado».

Un crimen abominable

La madrugada del 2 de noviembre de 1975, la policía italiana detuvo a Giuseppe *Pino* Pelosi por conducir a toda velocidad un Alfa Romeo. Resultó no ser suyo, sino del célebre Pasolini. Un par de horas después, se descubrió el cadáver del artista, en las lamentables condiciones que ya hemos descrito. No había que ser Sherlock Holmes para atar cabos. Quizá sí para desenlazarlos luego.

Pelosi era un joven de 17 años, un chapero que se ganaba la vida como podía. Por ejemplo, alquilaba su cuerpo a homosexuales maduros como Pasolini, que buscaba ese tipo de relaciones esporádicas en los alrededores de la estación Termini, la noche del 1 de noviembre. Le ofreció 20 000 liras por contactos íntimos, Pelosi aceptó, se montaron en el Alfa Romeo camino a Ostia, la

localidad costera más cercana a Roma. En un lugar apartado pararon el coche. Era un descampado que se utilizaba como campo de fútbol, fina ironía para un futbolero declarado como Pasolini. En su primera declaración, Pino afirmó que en el último momento prefirió no mantener relaciones sexuales con Pasolini y salió del automóvil. Pasolini lo siguió, lo amenazó y lo golpeó con un bastón; Pelosi, enfurecido, se revolvió y la emprendió a golpes. No supo determinar cómo, él solo y contra un hombre atlético, pudo ejercer tal violencia. Cuando Pasolini quedó en el suelo, Pelosi dijo que arrancó el automóvil y, sin pretenderlo, pasó por encima del cuerpo herido y le reventó el corazón.

Esa fue la verdad oficial que, por supuesto, nadie creyó en Italia.

De hecho, en el juicio quedó estipulado que Pelosi (asesino confeso) actuó acompañado de otros hombres. ¿Quiénes? ¿Por qué se encontraban allí? ¿Fue Pelosi tan solo un cabeza de turco? Los recursos y apelaciones se despacharon con una insólita diligencia en la justicia italiana, y eso que en el coche apareció un jersey que no pertenecía ni a Pasolini ni a Pelosi, y pese a que este apenas se había manchado de sangre, algo extraño teniendo en cuenta la carnicería cometida sobre el cuerpo del escritor.

Demasiadas dudas

Los años han ido añadiendo capas de medias verdades, o mentiras, al crimen de Pasolini. Pelosi, menor de edad en el momento de los hechos, fue condenado en 1975 a más de nueve años de prisión por homicidio voluntario, robo de vehículo y actos obscenos en un lugar público. Cumplió siete. Desde el principio se

TEORÍAS E HIPÓTESIS

- Pelosi conocía a Pasolini desde hacía meses antes, no desde esa noche. Quienes quisieran matarlo, podrían utilizarle.
- Se sabe que habían robado unas bobinas de secuencias sexuales de *Saló o los 120 días de Sodoma*, que habían llegado a grupos mafiosos y de ultraderecha. Pasolini había quedado con ellos para recuperarlas.
- Pasolini estaba escribiendo *Petróleo*, un libro en el que desvelaría al presunto asesino del industrial Enrico Mattei, presidente de una compañía petrolífera; se quería evitar a toda cosa.

pensó que callaba y asumía culpas para salvar su vida y la de sus familiares. ¿Qué intereses oscuros había tras aquella muerte cruel? Se barajaron –se barajan– varias opciones.

En 2005, Pelosi cambió su versión. Ofreció una entrevista televisiva, en la que confesó que aquella noche Pasolini y él no estaban solos. Practicaron sexo oral en el coche y él se había bajado del vehículo para orinar. Fue entonces cuando tres hombres «con acento sureño» aparecieron e insultaron al cineasta, señalando su orientación sexual y política. Fueron ellos los que se ensañaron, mientras el joven permanecía sujeto por otro, que lo amenazaba a él y a su familia si contaba algo.

En 2014 se abrió una nueva investigación. Reveló entonces el nombre de los dos asesinos, los hermanos Borsellino, dos sicarios que se habían introducido en los grupos de ultraderecha de su barriada. Se escudaba Pelosi en que sus padres ya habían muerto «y quizá hasta los Borsellino». La policía, en cambio, no encontró nuevos indicios y el caso se volvió a cerrar, pese a las protestas de periodistas y allegados de Pasolini.

Pelosi falleció de cáncer en 2017 y se llevó gran parte de las esperanzas para aclarar la muerte de Pasolini.

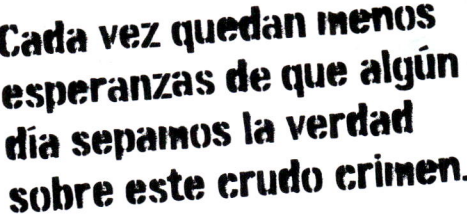

Cada vez quedan menos esperanzas de que algún día sepamos la verdad sobre este crudo crimen.

UNA MATANZA QUE SEGUÍA VIVA:
JOACHIM PEIPER
LOS RESCOLDOS DE LA GUERRA

Un vecino jubilado de fuerte acento extranjero, se convierte, del día a la noche, en un criminal de guerra, debido a la noticia aparecida en un periódico. Parece el argumento de una película, pero es el relato previo al fin de la vida de un antiguo nazi. Pero... ¿seguro que fue el fin?

INFORME JP-147/76

El pueblo francés de Traves duerme intranquilo desde hace tiempo. Se sabe que en una de sus casas vive un criminal de guerra nazi, ya excarcelado. Él quiere llevar una vida normal, pero su pasado le persigue. Un día, su casa amanece quemada.

FECHA DEL CRIMEN
14 de julio de 1976.

MOTIVACIÓN
Venganza.

ESTATUS DE LA VÍCTIMA
Criminal de guerra nazi, ya excarcelado.

NÚMERO DE VÍCTIMAS
Una.

REPERCUSIÓN
Un grupo neonazi intentó vengar la desaparición de Peiper.

¿HAY SOSPECHOSOS?
Un autodenominado «Comité de Acción Resistencia-Deportación» reivindicó la autoría del atentado. Algunos creen que pudo ser un montaje del propio Peiper para huir sin dejar rastro.

LA SEGUNDA GUERRA MUNDIAL fue el acontecimiento más sangriento de la historia universal (al menos, de los causados por los humanos). Por sus batallas y avatares encontramos héroes, villanos y muchos ciudadanos anónimos que se vieron obligados a ser una u otra cosa –y ninguna de ellas– sin pretender buscarlo. Existieron también personajes oscuros, como Joachim Peiper, un criminal de guerra que comprobó cómo el fuego de la venganza lo alcanzó 30 años después del armisticio.

El joven nazi

Investigar sobre el origen de Joachim Peiper es conocer parte del porqué del mayor conflicto de la historia. Nació en 1915, hijo de un oficial en el ejército imperial alemán que sirvió en las guerras coloniales de África. Las costumbres de la vida marcial calaron en los tres hijos varones que tuvo. El día en que Joachim cumplió los 18 años, Hitler fue nombrado canciller: era el 30 de enero de 1933. Aquella primavera, se unió a las Juventudes Hitlerianas con su hermano mayor. Y antes de acabar el año se inscribió en la Schutzstaffel («escuadrón de protección») o, como fueron más conocidas, las SS. En menos de un año ya fue ascendido dentro del partido nazi y Heinrich Himmler –líder de las SS– lo puso bajo su protección. Con 24 años, Joachim se casó con Sigurd, amiga íntima de una secretaria del Estado Mayor y amante de Himmler. Una carrera fulgurante y prometedora.

Un militar de alto rango

Parece evidente que, durante los primeros dos años de la guerra, Peiper, siempre al lado de Himmler, tuvo que estar al tanto de la Solución Final –el exterminio judío y de otras minorías–, que por entonces se estaba pergeñando. Años después, en su juicio en Dachau, insistió en desmentir esto.

Sin embargo, a mediados de 1941, Peiper fue trasladado a la 1.ª División Leibstandarte SS Adolf Hitler, una unidad de élite de las Waffen-SS, creada como una guardia personal armada para Adolf Hitler. No se sabe muy bien la razón, pero pudo tener algo que ver un amago de escándalo familiar. Su hermano mayor murió en un extraño accidente. El relato no oficial es que sus compañeros de unidad lo obligaron a suicidarse debido a su homosexualidad. ¿Otra víctima de la eugenesia que las SS empezaban a aplicar?

Después de un tiempo en la Francia ocupada, Peiper fue destinado al frente ruso. Allí se hizo un nombre como líder de las Waffen-SS. Durante este episodio le reconocieron con varias distinciones militares: la Cruz de Caballero con Hojas de Roble, la Cruz Alemana en Oro y el Distintivo de Combate Cuerpo a Cuerpo (entregada a quienes hubieran pasado por esta situación 30 veces).

En su hoja de servicios también se haya su destino en el Piamonte italiano. Allí participó en la masacre de Boves, un pueblo donde la unidad de Peiper incendió casas y disparó contra hombres que huían. Joachim prohibió a los bomberos de la región de Cuneo que extinguieran el incendio. En 1964, 25 años después, las autoridades italianas acusaron a Peiper y dos de sus suboficiales de asesinato ante un juzgado de Stuttgart. El juicio no se celebró porque decidieron que no quedaban pruebas.

Soldados estadounidenses descubren los cuerpos de sus compañeros en Malmedy, en enero de 1945.

LA MASACRE DE MALMEDY

El 17 de diciembre de 1944, la unidad militar comandada por Peiper desarmó a unos soldados estadounidenses y los obligó a colocarse en filas. Poco después, la unidad de avanzada disparó a los prisioneros con una ametralladora y pistolas en un fuego continuo que duró unos tres minutos. Acto seguido, algunos hombres de Peiper entraron en el campo e intentaron matar a los prisioneros heridos que seguían vivos en el suelo.

Algunos consiguieron escaparse y llegaron a una cafetería. Los alemanes incendiaron el edificio y mataron a tiros a quienes intentaban salir del edificio en llamas. A pesar de todo, 43 soldados lograron llegar a la base americana cerca de Malmedy. Los cuerpos no se descubrieron hasta un mes después. La nieve los había conservado casi intactos.

Peiper (abajo a la derecha), observando a Himmler (primero por la izquierda) y a Hitler, en 1940.

En diciembre de 1944 comenzó la batalla de las Ardenas, principalmente en Bélgica. Allí tuvo lugar la masacre de Malmedy, un crimen de guerra que se ejecutó contra 84 prisioneros de guerra estadounidenses desarmados, que habían sido capturados por los alemanes en la Segunda Guerra Mundial (ver recuadro). Este episodio resultó clave, años después, en la extraña desaparición de Peiper.

Penas sin gloria

Cuando la guerra acabó, el ejército de Estados Unidos lo buscó por su participación en Malmedy. Lo capturaron a finales de mayo, pero no fue localizado ni identificado hasta el 21 de agosto. En diciembre de 1945, tras una serie de interrogatorios, le fue retirado el estatus de prisionero de guerra y fue acusado de criminal de guerra. En mayo de 1946 comenzaron los históricos Procesos de Dachau. En su juicio, Peiper no se distinguió demasiado de sus compañeros. Fue un claro ejemplo de la memoria selectiva de los acusados. Era capaz de recordar nimiedades que podían relativizar su culpa. Relató, por ejemplo, cómo en una visita que realizó con Himmler al gueto de Lodz, los policías judíos los recibieron con flores, o como estos azotaban a los propios de su raza. Sin embargo, poco sabía de las políticas contra los *Untermensch* (los «subhumanos», los seres inferiores, no arios).

Peiper fue sentenciado a la horca, pero dicha pena se conmutó por cadena perpetua que, a su vez, fue reducida a 35 años de cárcel. El 22 de diciembre de 1956, Joachim salió de presidio.

Vuelta a la vida civil

Cuando Peiper regresó a la vida civil, las redes de apoyo de exmiembros de las SS le ayudaron a encontrar trabajo en la marca de vehículos Porsche. Allí consiguió ascensos, hasta que su pasado empezó a suponer un problema, sobre todo en las exportaciones a Estados Unidos. Durante los años 60, Peiper trató de limpiar su imagen en varias ocasiones. Sin embargo, la sombra de su pasado lo perseguía. Empezó a trabajar como traductor autónomo para una editorial bajo un seudónimo y tradujo obras sobre historia militar del inglés al alemán.

Al jubilarse en 1972, Peiper decidió residir con su esposa en Francia, país donde se le perseguía por sus actividades durante la guerra. Se construyó una casa en un lugar retirado, cerca de Traves, un pueblo no muy lejos de Alemania. Allí quiso llevar una vida discreta, rodeado de perros fieros y recibiendo ocasionales visitas de grupos de alemanes. Pero una casualidad –siempre aparecen las casualidades– truncó lo que pretendía ser su retiro dorado.

Cierto día de 1974, Peiper acudió a una tienda para construir una caseta para sus perros. El dependiente, un ex combatiente de la resistencia comunista, lo reconoció. Superadas sus iniciales dudas, este hombre se puso en contacto, dos años después, con el diario *L'Humanité*. Uno de sus periodistas viajó a Berlín, confirmó la identidad del vecino de Traves y publicó la noticia en sus páginas. De inmediato, se levantó una grave polémica en la región y en toda Francia.

En medio de la polvareda suscitada, Peiper concedió una entrevista a la revista *Paris-Match*, donde pronunció una frase que lo colocó en el disparadero: «Si estoy aquí, es porque los franceses no supieron defenderse en 1940 (en alusión a la rápida ocupación nazi de Francia)». Peiper comenzó a recibir amenazas de muerte, que consideró creíbles: mandó a su mujer a Alemania y empezó a montar guardias por la noche junto con un vecino, también antiguo soldado alemán.

Las tropas aliadas entran en París, el 25 de agosto de 1944.

Los Procesos de Dachau

Fueron los celebrados en el antiguo campo de concentración de Dachau. Estos procesos -a diferencia de los más conocidos Juicios de Núremberg- los llevaron a cabo las autoridades norteamericanas para juzgar a criminales de guerra apresados en zonas ocupadas por los Estados Unidos y acusados de atentar contra sus ciudadanos. Se celebraron entre noviembre de 1945 y agosto de 1948

Joachim Peiper (número 42) durante su juicio en Dachau.

El fuego final

El 13 de julio, cerca de la medianoche, se oyeron varios disparos en su casa. Minutos después, el edificio ardía en llamas; cuando llegaron los bomberos, solo encontraron un cadáver carbonizado, acompañado de un rifle y un revólver Colt. El cuerpo estaba tan consumido que los expertos no pudieron asegurar que fuera el de Joachim. La lógica sugería que sí, pero la ciencia no podía determinarlo. Así, surgieron voces que se atrevían a plantear que los restos carbonizados fueran los de un perro; Peiper habría organizado la escena desde cero para proporcionarse una coartada y desaparecer.

Sin embargo, esta teoría choca con dos hechos:

- La formación de un «Grupo Peiper», unos pro nazis que quisieron vengar a las SS y enviaron amenazas de muerte al activista comunista que reconoció a Peiper por primera vez.

- Un autodenominado «Comité de Acción Resistencia-Deportación» reivindicó la autoría del atentado.

La familia de Peiper decidió enterrar aquellos restos como los de su padre y abuelo, en un cementerio de la localidad alemana de Schorndorf.

La hipótesis de la fuga planeada de Peiper parece poco factible, pero alimenta la imaginación de los más conspiranoicos.

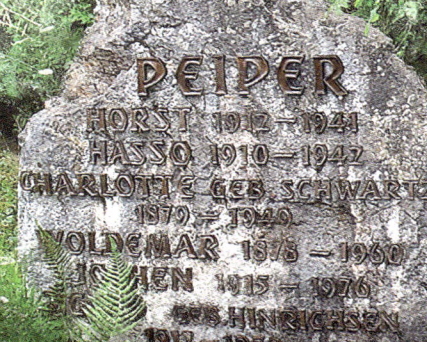

Losa de la familia Peiper en el cementerio de Schorndorf.

MUERTE AL DISIDENTE:
GUEORGUI MÁRKOV

LOS PELIGROS DE LA LIBERTAD

Hubo una época en la que los crímenes de los Estados comunistas contra sus ciudadanos más «díscolos» eran habituales. Solían ser asesinatos rápidos y limpios, así que resultaba difícil establecer responsabilidades. Pero cuando Márkov sentía morirse envenenado, tenía claro quién lo había ordenado.

INFORME GM-79/78

Londres, finales de verano. Nada parece perturbar la calma del Támesis, pero sobre él un hombre acaba de clavar, con la punta de un paraguas, un veneno letal a un objetivo del Gobierno comunista búlgaro.

FECHA DEL CRIMEN
7 de septiembre de 1978 (murió cuatro días después).

MOTIVACIÓN
Política.

ESTATUS DE LA VÍCTIMA
Escritor, periodista y disidente comunista.

NÚMERO DE VÍCTIMAS
Una.

REPERCUSIÓN
El Reino Unido quedó asombrado por un crimen cometido dentro de sus fronteras por agentes extranjeros.

¿HAY SOSPECHOSOS?
No hay testigos ni pruebas, pero todo apunta a que fueron los servicios secretos búlgaros.

EN CIERTO MODO, la Guerra Fría supuso una edad dorada para los crímenes sin resolver. O, al menos, sin culpables reconocidos. Un buen día, alguien con capacidad de ser molesto para otros, desaparece. O se suicida. O lo matan. Y solo queda de él su recuerdo y el alivio de sus enemigos. Así sucedió durante décadas a uno y otro lado del Telón de Acero. Es imposible escapar de este libro sin ilustrar uno de esos casos. Quizá se lleve la palma el de Gueorgui Márkov por su cinematográfico *modus operandi*.

Un escritor de éxito

Cuando Márkov nació, en 1929, Bulgaria ya era un país independiente, conocido como la «Prusia de los Balcanes» por su creciente militarización. En plena adolescencia, aquella Bulgaria orgullosa se convirtió en uno de los países satélites del comunismo soviético. Gueorgui, que había estudiado Química y trabajaba como profesor en una escuela técnica, era un hombre de inquietudes humanísticas y declarada vida bohemia. Se le daba bien escribir –y no era de los complacientes con el régimen–, empezó a ganar premios y dejó la enseñanza por un trabajo en una editorial. Su prestigio aumentaba, de tal modo que llegó a ser un escritor de éxito en su país. El líder del país, Todor Zhívkov (quien lo gobernó de 1954 a 1989) intentó captarlo para que se acercase a las posturas más oficialistas. No dudó en invitarlo a caminatas por la naturaleza y a cenas extravagantes. Sin suerte. Márkov no se dejó atrapar y muchas de sus obras tuvieron problemas con la censura. Aun así, era uno de los escritores más afamados del país, si no el que más. Algunos de sus libros se adaptaron al cine, se tradujeron para todo el bloque del Este y sus obras se representaron en los principales teatros del país.

En su vida personal, Márkov era un vividor y un dandi. Vestía jerséis elegantes y conducía un BMW en una época en la que incluso los autos de fabricación soviética escaseaban en Sofía. Frecuentaba los cafés intelectuales de la ciudad con sus amigos y disfrutaba escuchando a Louis Armstrong y Charles Aznavour en su magnetófono.

Bulgaria no era el mejor de los mundos, pero era su mundo.

Obligada disidencia

En 1968, la Primavera de Praga. Ya sabemos, aquel intento de aperturismo en Checoslovaquia que acabó en la invasión soviética del país. Si con Jruschov había cierta manga ancha para tocar la partitura comunista, con Bréznev había que ajustarse al compás sin dar una nota suelta. Eso caló también en el día a día búlgaro. No se permitió ni la más mínima salida de tono. Márkov –que siempre andaba al límite– se vio señalado. El régimen no tardó en agobiarlo y en redoblar la censura sobre él. En 1969, decidió salir a Italia con la excusa de visitar a su hermano, que había dejado el país. Él tampoco volvió.

Sus obras fueron retiradas de las estanterías públicas y de venta. Se le expulsó de la Unión de escritores búlgaros. Cayó sobre él el silencio institucional, una *damnatio memoriae* en toda regla. Un librero de Praga le respondió a un amigo de Márkov, que buscaba alguna obra suya: «Había alguien llamado así, pero ya no existe y nunca ha existido». Gueorgui, el bohemio, se había convertido en Márkov, el exiliado.

Gueorgui Márkov,
durante su etapa londinense.

DARZHAVNA SIGURNOST, LOS SERVICIOS SECRETOS BÚLGAROS

Como en cualquier país (en general, pero con mayor peso en los del bloque comunista durante la Guerra Fría), Bulgaria contaba con su servicio secreto, la Darzhavna Sigurnost («Seguridad del Estado»). A partir de 1964 (coincidiendo con la llegada al poder de Bréznev, más ortodoxo que su antecesor, Jruschov) se formó el llamado Servicio 7, que fue el responsable de llevar a cabo el asesinato de Gueorgui Márkov. No en vano, dicha sección tenía como objetivos el secuestro o la eliminación de los disidentes búlgaros que se habían exiliado en el extranjero.

Se acusó al Servicio 7 de estar involucrado en el atentado contra el papa Juan Pablo II en 1981, pero no se halló ninguna prueba concluyente y el propio papa exculpó a Bulgaria de cualquier responsabilidad.

Dejó Italia, se dirigió a Londres y aprendió rápido el idioma. Empezó a colaborar con la BBC, donde se convirtió en una pieza muy valiosa. Allí obtuvo vía libre para su sinceridad y mordacidad –sobre todo consigo mismo, por su connivencia con un régimen corrupto en el pasado– y se convirtió en el azote de las autoridades de su país.

Podríamos pensar que Márkov no sabía que estaba jugando con fuego. Sí lo sabía.

Una piedra en el zapato

Sabía que era algo más que molesto. Y más cuando en sus emisiones por Radio Europa Libre empezó a criticar, personalmente, al líder Todor Zhívkov. El ministerio de Asuntos Exteriores búlgaro convocó al embajador británico en Sofía para protestar por las transmisiones de Márkov y sus críticas a Zhívkov, y advirtió que si los británicos no las detenían, habrían de tomar las «medidas necesarias». Pero Márkov ya había recuperado toda su libertad e integridad. Seguramente, ese fue su cruce del Rubicón. Alguien en Sofía decidió que ya no habría marcha atrás.

A mediados de esa década, la Darzhavna Sigurnost había suscrito con el KGB un convenio de ayuda mutua. Traducido, los soviéticos suministrarían a los búlgaros todo tipo de artefactos para asesinatos selectivos, como minas explosivas controladas por radio, instrumentos para la descarga silenciosa y mecánica de agujas especiales y venenos letales de acción rápida. Una muestra: en 1971, la KGB atentó contra la vida de Alexander Solzhenitsyn untando su cuerpo con gel venenoso; el escritor enfermó, pero sobrevivió.

EL PARAGUAS Y LA BOLITA

Desde el asesinato de Márkov, a este artefacto se le conoce como el «paraguas búlgaro». Hay quien cree que, en este caso, solo pudo haber sido una maniobra de distracción y que Márkov recibió la bolita con el veneno por medio de una pluma. Sin embargo, se han documentado crímenes con este artefacto en lugares tan dispares como en Hannover o Chennai, ya en pleno siglo XXI.

Los soviéticos ofrecieron a los búlgaros tres opciones para eliminar a Márkov: un gel venenoso que, aplicado sobre la piel, provocaría un ataque cardíaco; un veneno para mezclar con comida o bebida; y una bolita de veneno en miniatura que podía dispararse directamente al cuerpo. Esto último debió de gustarle a alguien en la Darzhavna Sigurnost.

Un veneno letal

Márkov ya se sabía en el punto de mira. Alguien le había advertido de que los servicios secretos búlgaros podrían atentar contra su vida. Se fue volviendo más prudente. Otros dirían que paranoico. Pero ¿cuál es la distancia entre ambas palabras cuando eres tú el objetivo? Solo comía en casa y evitaba beber en lugares públicos; mantuvo sus planes de viaje en secreto y siempre estuvo en guardia.

Pero matar es fácil cuando caza un gigante (un Estado) y la presa es una hormiga. Cerca de las 18:30 del 7 de septiembre de 1978, Márkov cruzaba el puente de Waterloo, en el centro de Londres, de camino a su trabajo en la BBC. En la parada de autobús sintió un ligero pero intenso dolor en la parte de atrás del muslo derecho, algo parecido a lo que sentimos cuando nos pica un insecto. Miró atrás, pero no había insecto alguno. En cambio, un hombre se agachaba para recoger su paraguas y le pedía disculpas. Tenía un leve acento extranjero,

Puente de Waterloo, en Londres.

LA RICINA, PLANTA MORTAL

La bolita era un rodamiento de un reloj de joyería, de apenas 1,5 mm de diámetro, y estaba compuesta por 90 % de platino y 10 % de iridio, dos elementos muy puros que no contaminan lo que contienen. Contaba con dos agujeros de apenas 0,35 mm de diámetro, que solo podrían haber practicado los soviéticos con un láser de alta precisión. El veneno que contenía era la ricina, extraída de unas semillas, que se caracteriza por un inicio lento de la enfermedad y una muerte lenta, ya que va causando la apoptosis (muerte) de las células. Hubiera dado lo mismo que los médicos la hubieran detectado. Por entonces, no existía antídoto. En la actualidad, se estudia como tratamiento anticancerígeno.

pero eso era normal en Londres. Ese detalle solo lo recordó más tarde, como también que aquel tipo cambió de acera y tomó un taxi. Todo tan normal como el cielo gris londinense.

Cuando llegó a la redacción observó que la «picadura» había crecido. A lo largo de la tarde se fue sintiendo cada vez peor, hasta que por la noche ingresó en un hospital, aquejado de fiebre. Allí los médicos solo contemplaban que aquello fuese una picadura de un animal venenoso… Pero ¿en pleno Londres? Márkov ya tenía en la cabeza que aquello podría haber sido un envenenamiento y lo hizo saber. Cuando se le tomó una muestra del tejido infectado se halló una bolita de metal, más pequeña que la cabeza de un alfiler. Ya no había dudas. El insecto venenoso no era tropical, venía de Bulgaria.

Cuatro días después, a pesar de los intentos de los médicos británicos por salvarlo, Gueorgui Márkov fue declarado muerto. Tenía 49 años.

No se ha declarado ningún culpable de este asesinato. El Gobierno comunista destruyó todos los documentos secretos poco antes de su caída.

SE APAGA UNA ESTRELLA:
NATALIE WOOD

¿SE ACABÓ EL AMOR?

No lo sabemos, hay que reconocerlo: si la de Natalie Wood es una muerte sin resolver... o un *asesinato* sin resolver. Desde que apareció su cuerpo en 1981, el caso, lejos de cerrarse, cada vez ofrece más esquinas. ¿Se ahogó ella sola o hubo algo, o alguien, más?

INFORME NW-2911/81

Costa de California en una noche de Acción de Gracias. Cae al agua el cuerpo de Natalie Wood, célebre actriz. Al día siguiente la encuentran ahogada. Se sabe que tuvo una fuerte discusión con su marido.

FECHA DE LA MUERTE
29 de noviembre de 1981.

MOTIVACIÓN
¿Celos?

ESTATUS DE LA VÍCTIMA
Estrella de Hollywood.

NÚMERO DE VÍCTIMAS
Una.

REPERCUSIÓN
Dudas sobre la reconstrucción de los hechos, que se traducen en continuos reportajes y libros sobre la muerte de Wood.

¿HAY SOSPECHOSOS?
Quienes creen que no fue un accidente piensan en el marido de Wood, Robert Wagner.

LA JOVEN ACTRIZ de los personajes frágiles y torturados estaba llena de talento, pero guardaba un as en la manga: ella misma era frágil y torturada. Cuando tu infancia y tu adolescencia desaparecen en los brazos del estrellato, parece que solo puede ser así.

Emigrantes con iniciativa

Nuestra protagonista nació como Natalia Nikolaevna Zakharenko en 1938, en California. Ese nombre evidencia una ascendencia rusa: tanto su padre como su madre habían dejado la Unión Soviética a principios de la década y habían recalado en Estados Unidos, donde se conocieron. Pronto, el padre cambió el apellido familiar por el más asequible Gurdin, así que a los cuatro años la primera niña del matrimonio quedó inscrita en el registro como Natasha Gurdin.

Lo de Natalie Wood vino poco después. Antes de cumplir los cinco años, su madre consiguió que la aceptasen en el rodaje de una película, *Happy Land* (1943). Como vinieron más, los ejecutivos de la productora RKO cambiaron su apellido a «Wood» para hacerlo más fácil y como homenaje al cineasta Sam Wood. Así empezó una carrera de casi cuatro décadas, al principio regida por los designios de su ambiciosa madre, María. Una mujer que afirmaba haberse criado en un palacio y estar relacionada con la familia Romanov, de los que colgaba un retrato en la pared de su casa. Fue ella quien apostó, en algo parecido a un todo o nada, por que toda la familia se mudase a Los Ángeles. Estaba segura de que su hija tenía futuro en Hollywood; así que el de toda la familia, también. «Dios la creó, pero yo la inventé», afirmó María orgullosa muchos años después.

La carrera de Natalie empezó a despuntar, tanto como su desarrollo psíquico comenzó a palidecer. No puede ser de otra forma cuando te conviertes en el motor económico de la familia cuando eres una cría, cuando tu madre te trata como un bien económico, tu padre bebe y los mandamases del cine toman parte en tu educación. María, consciente de que se desenvolvían en un mundo de hombres, la espoleó para que fuera complaciente con ellos. «Aprendí a muy temprana edad que si eres agradable con los hombres, puedes conseguir lo que quieras de ellos», dijo ella ya adulta.

Una estrella con lado oscuro

Para su fortuna –¿o quizá para su desgracia?–, Natalie no llegó a convertirse en el predecible «juguete roto» que queda orillado por los cambios físicos de la adolescencia. Ella fue de las pocas –como Judy Garland– que completó con éxito el paso de niña a mujer. Éxito cinematográfico, se entiende. Si de pequeña había sido una pequeña estrella, de mayor su estrella se hizo más grande. La clave, la «patada para arriba», fue sin duda su aparición en *Rebelde sin causa* (1955), su primer papel serio –y el primero que ella eligió, contra el criterio de sus padres–, alejado del mundo ingenuo juvenil, y que le proporcionó una candidatura al Oscar como actriz de reparto. También le concedió uno de sus primeros amantes, uno de los muchos que tuvo en el cine: el director de la película, Nicholas Ray. Él tenía 43 años; ella, 16.

Poco después le llegó uno de los capítulos más oscuros de su vida: una gran estrella de Hollywood la violó con suma brutalidad varias veces. Su madre, sabedora de que el escándalo habría arruinado ambas carreras, le quitó de la cabeza la idea de denunciar el ataque. Así funcionaba entonces –y hasta hace no mucho– Hollywood: quienes estaban bajo contrato de un gran estudio sabían lo que tenían que hacer. Años después de su muerte, su hermana Lana destapó el secreto: ese nombre era el de Kirk Douglas.

El amor auténtico –o, al menos, el conyugal– le llegó en 1957, cuando se casó con Robert Wagner, uno de los *guapos oficiales* de Hollywood (antes había sido novia de Elvis Presley). Se divorció de él en 1962 y volvió a casarse con él en 1972. Una relación de altos y bajos con la que navegamos, directamente, hasta la noche de su muerte.

Natalie Wood, hacia 1970.

La noche de los hechos

Si el paso de niña a mujer había sido una catapulta, el paso de mujer joven a mujer madura resultó más complicado. Hollywood, entonces y ahora, tiene un problema grave con las arrugas. En 1981, con 43 años, la carrera de Wood llevaba una década en cuarto menguante, con más intervenciones para televisión –en donde acababa de ganar un Globo de Oro– que para cine. En noviembre de ese año preparaba una obra de teatro y terminaba de rodar *Proyecto Brainstorm*, una película de ciencia ficción, protagonizada por Christopher Walken. A falta de unas jornadas para terminar el rodaje, invitó a su compañero a pasar una velada junto a ellos a bordo de su bote, el *Esplendor*.

Era la tarde noche del 29 de noviembre, en las aguas del Pacífico. El lujoso yate fondeaba frente a la costa de isla de Santa Catalina, en California. Estaban ellos tres y el patrón del barco. En la velada abundó la comida y, más aún, la bebida. En cierto momento, Natalie salió del barco. Al parecer, quería subirse a la pequeña embarcación auxiliar que acompañaba a la nave. No se la volvió a ver con vida. Al día siguiente, encontraron su cadáver flotando en la costa.

¿Qué había sucedido? Durante un tiempo se impuso la tesis más plausible, como manda la navaja de Ockham. Natalie estaba ligeramente borracha (como dictaba la autopsia), se resbaló, se golpeó con el casco del yate, cayó al agua y se ahogó. Cosas que les pueden pasar a quienes tienen un barco en propiedad, pensaron

Wagner y Wood, en 1957.

ESPLENDOR EN EL MAR

Natalie Wood, hija de unos humildes emigrantes rusos, fue considerada como una de las grandes estrellas femeninas de Hollywood alrededor de 1960. Consiguió quedar para el recuerdo en algunas de las películas más recordadas de la historia del cine norteamericano. A la ya citada *Rebelde sin causa* (en la que compartía protagonismo con James Dean, de quien se hizo amiga) habría que añadir *West Side Story* (Robert Wise, 1961), célebre musical donde interpreta a María; *Centauros del desierto* (John Ford, 1956), el mítico *western* donde realiza un pequeño pero importantísimo papel; o *Esplendor en la hierba* (Elia Kazan, 1961), una de las películas románticas más importantes de siempre, en la que comparte protagonismo con Warren Beatty y que le ofreció su segunda candidatura a un Oscar.

El título de esta última película es el que dio nombre al lujoso yate, de más de 20 metros de eslora, que Robert Wagner le regaló por su cumpleaños y donde sucedieron los hechos que precedieron a su muerte, el día de Acción de Gracias de 1981.

Wagner y Wood, a bordo del *Esplendor*, en 1976.

algunos. Pero, con el paso del los días, se fueron sumando nuevos datos. Natalie Wood quería alejarse del yate para no oír una acalorada discusión entre su marido, Robert Wagner, y el actor Christopher Walken. Cosas de celos, y no precisamente profesionales. Wagner incluso llegó a quebrar una botella de vino delante de su invitado y de su mujer.

A partir de aquí, los hechos difieren en dos sentidos, principalmente. Según Wagner, su mujer salió y él se fue a buscar a Walken para pedirle disculpas. Años después, el patrón del barco afirmó en un libro –una forma poco ética de revelar información, cuando menos– que ambos siguieron discutiendo en la cubierta y, más tarde, el actor le avisó de la desaparición de su mujer; ambos pactaron cómo relatar los hechos a la policía. Esta revelación llevó a algunos a pensar que habría sido el propio Wagner quien empujó a su mujer. También se sabía que –según la investigación inicial– una mujer en un barco cercano aquella noche escuchó, por lo menos durante cinco minutos, cómo una voz gritaba pidiendo auxilio y alguien le decía «Ya vamos a ayudarte, ya vamos». Wagner, aunque declaró darse cuenta de la ausencia de Natalie hacia medianoche, no avisó a la policía de su desaparición hasta las cinco de la mañana: «Porque probablemente estaba de fiesta en algún otro barco. Esa es la clase de mujer que es... Y yo no quiero que eso se haga público», se defendió.

En 2013, una nueva autopsia estableció que el cuerpo de Natalie tenía golpes y magulladuras previos a la caída. «Dado el número de preguntas sin respuestas y que las pruebas adicionales disponibles para su evaluación son limitadas, la opinión de la oficina del forense es que la causa de la muerte se debe dejar por determinar», señalaba el informe. En 2018, otro nuevo informe calificaba a Wagner como «persona de interés» en el caso, un término sin consecuencias legales que no acusa a quien lo recibe de «sospechoso», pero sí lo señala como poseedor de información única.

Las investigaciones oficiales no han ido más allá y solo se nos ocurre cerrar con el poema de 1804 de William Wordsworth que el personaje de Wood recita en una escena de *Esplendor en la hierba*:

Aunque nada pueda devolvernos los días / del esplendor en la hierba y de la gloria en las flores, / no habremos de entristecernos, sino más bien / reconfortarnos con lo que ha quedado.

Cada cierto tiempo el caso se reabre y parecen surgir a la superficie nuevas pistas. ¿Se sabrá algún día toda la verdad? ¿O ya se sabe toda?

ASESINATO EN LA NIEBLA:
DIAN FOSSEY

LA MEJOR AMIGA DE LOS GORILAS

La muerte violenta de Dian Fossey hizo un doble daño. A ella, por supuesto, pero también a los gorilas de montaña, que se quedaron sin el ser humano que más hizo por ellos. En vida se labró múltiples enemigos por defenderlos: nunca se supo bien cuál de ellos empuñó el arma.

INFORME DF-2612/85

Ruanda, montañas Virunga, en plena selva ecuatorial. El cadáver de Dian Fossey se encuentra con machetazos en pleno rostro y miles de dólares a su alrededor. El móvil no puede ser el robo. Hay mar de fondo.

FECHA DEL CRIMEN
26 de diciembre de 1985.

MOTIVACIÓN
¿Crimen ecológico?

ESTATUS DE LA VÍCTIMA
Autoridad mundial en primatología.

NÚMERO DE VÍCTIMAS
Una.

REPERCUSIÓN EN LOS MEDIOS
Conmoción mundial y realización de la película *Gorilas en la niebla*, que idealiza la figura de Fossey.

¿HAY SOSPECHOSOS?
Un ex empleado de Fossey, un joven compañero de investigaciones, los cazadores furtivos, algún alto cargo corrupto del Gobierno ruandés.

Durante décadas, un gorila era, en el imaginario del ciudadano occidental, un ser indómito y peligroso, violento sin causa. Era, claro, el mismo que había aterrorizado a Nueva York en la película *King Kong* (1933). *Era* King Kong. Una bestia de la que se sacaba más muerto que vivo, a exterminar en las selvas, como el tiburón blanco en los mares.

El paso de los años les ha sentado bien a los gorilas. Con el tiempo, se han posicionado al lado del oso panda como icono del conservacionismo. Ya no vemos en sus ojos profundos rencor ni odio hacia los humanos, sino una cierta hermandad, incluso ternura. Sabemos que no son criaturas enfadadas, si acaso tienen algún ataque de furia, como cualquiera de nosotros un mal día, pero con más masa muscular.

Fue Dian Fossey quien logró –o, al menos, más que nadie– que ese ciudadano occidental llegase a pensar así.

El sueño africano

Nacida en 1932, Fossey no tuvo la más feliz de las infancias y de esa época surgió, al parecer, su amor por los animales, en los que buscaba el refugio y cariño que la vida familiar le negaba. Antes de acabar sus estudios universitarios se convirtió en jinete de categoría y pasaba mucho tiempo junto a los caballos. Se licenció en Terapia Ocupacional y empezó a trabajar en hospitales. De personalidad tímida, más bien reservada, se relacionaba bien con los niños. Sin embargo, Dian sentía que lo suyo no era cuidar personas; tampoco trabajar en hospitales.

En 1963, siguiendo el instinto vital que bullía en ella desde hacía tiempo, recogió sus ahorros, pidió prestado dinero –tardó años en devolverlo– y voló hasta Nairobi, en Kenia. Era África el lugar que la obsesionaba, por sus grandes paisajes y su fauna excepcional... y amenazada. Durante siete semanas, Fossey viajó por Tanzania, la República Democrática del Congo y Rodesia (hoy Zimbabue) en lo que fue todo un viaje fundacional, revelador. En Tanzania conoció a Louis Leakey, un célebre paleontólogo. Un encuentro tan casual como necesario.

Más que un trabajo, una pasión

Leakey estaba convencido de que en la investigación de los primates –de nuestros contemporáneos, no solo de sus fósiles– se encontrarían pistas sobre la evolución humana. Algunos años antes, había «apadrinado» la carrera de una joven Jane Goodall, a quien aconsejó para que estudiase el comportamiento de los chimpancés. Fossey volvió a Estados Unidos a su «gris» tarea hospitalaria. Tres años después, de nuevo la casualidad llevó a Leakey a impartir una conferencia en la ciudad donde Fossey residía. Allí, ambos sellaron una alianza. En el mismo punto donde Leakey veía una oportunidad, Fossey tenía una motivación. La determinación que mostraba Dian no dejaba lugar a dudas. Ella debía de ser la «chica de los gorilas».

Y lo fue. Su fijación era tal que no le importó extirparse el apéndice –en principio, para prevenir infecciones–, una especie de «prueba de fuego» que Leakey imponía a sus investigadores. Una vez en África, visitó a Goodall, quien le hizo ver la importancia de pasar desapercibida a la vista de los gorilas, de que se habituaran a su presencia, al igual que ella hacía con sus chimpancés. Así que Fossey aprendió a ser la *gorila Dian*: a caminar a cuatro patas, a rascarse la cabeza, a bostezar, a mascar tallos de plantas e incluso a eruptar como síntoma de satisfacción.

Tras unos inicios difíciles, Fossey se estableció al fin en las densas montañas de Ruanda a finales de 1967.

Una socia de los gorilas

Allí, Fossey fue *Nyirmachabelli*, «la mujer vieja que vive sola en la montaña». Pronto se hizo popular en la zona. Una fama que no necesariamente acarreaba ser querida, ya que aquella enérgica europea estaba decidida

Mary Leakey y su esposo Louis Leakey, en 1962.

LAS «TRIMATES»

Dian Fossey es a los gorilas lo que Jean Goodall a los chimpancés. Ambas fueron enviadas por Louis Leakey, quien tenía contactos y recursos, a hacer estudios de campo en África, y allí se quedaron para hacer sus vidas profesionales y personales. Goodall fue en 1957 y Fossey en 1967. En 1971, Leakey le propuso a Biruté Galdikas, una joven lituano-canadiense, que estudiase en Borneo a los orangutanes. Su estudio resultó tan ejemplar como el de sus colegas y se las conoce como las «trimates» o los *Los Ángeles de Leakey*.

a enfrentarse al mayor de los enemigos de los gorilas: los cazadores furtivos. Cuanto más protegía a los simios, más se exponía ella.

Sus problemas con la población nativa –con parte de ella– fueron continuos desde el principio. En teoría, los gorilas estaban protegidos dentro de los parques nacionales; pero la realidad dictaba otra cosa. Los guardas, a menudo parientes de los propios cazadores, hacían la vista gorda. Ruanda era un país pobre, se ganaba más con la caza ilegal y los sobornos: una vieja historia. Aunque Dian estaba allí para *estudiar* a los gorilas, antes que eso se dedicó a *protegerlos*.

En cualquier caso, sus indagaciones resultaron muy provechosas para la etología, la ciencia que estudia el comportamiento de los animales. Dian presentó hallazgos en la forma en que las hembras pasan de un grupo a otro, en la vocalización de los gorilas, en las jerarquías y las relaciones sociales entre los grupos, en los ocasionales infanticidios, en la dieta y en cómo los gorilas reciclan los nutrientes . «Son unos gigantes dignos, muy sociales, agradables, con personalidades definidas y sólidas relaciones familiares», los definió. En apenas una década, Fossey fue reconocida como la mayor autoridad mundial en gorilas. Escribió el libro *Gorilas en la niebla*, que llegó a ser un fenómeno de ventas y se convirtió en una aclamada película. Pero esto llegaría años después de su cruenta muerte.

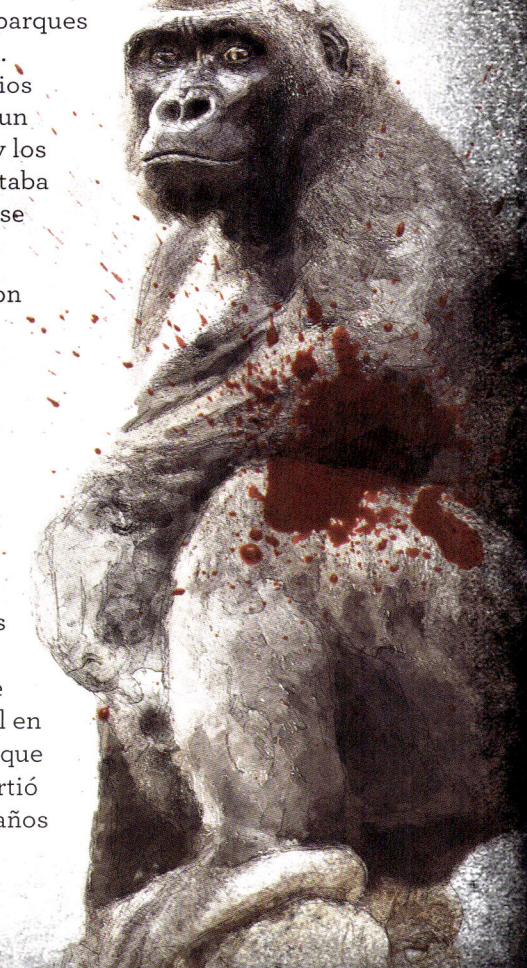

GORILAS AMENAZADOS

El carácter de Fossey se fue oscureciendo con el paso de los años. Cuando mataban a «sus» gorilas también la mataban a ella. Tuvo que contemplar, por ejemplo, cómo el zoológico de Colonia (Alemania) quiso capturar a dos crías, para lo cual unos 20 gorilas adultos fueron asesinados, ya que lucharon hasta la muerte en su defensa. Fossey consiguió adoptarlas y criarlas (las llamó Coco y Pucker) pero el zoológico consiguió llevárselas.

Un punto sin retorno fue el asesinato, disparado por un cazador furtivo, de Digit, su gorila predilecto. Aquello rompió el corazón de Fossey e incidió en su aislamiento y depresión: su salud empeoró y buscaba refugio en la bebida. Apostó entonces por la aparición en medios para concienciar internacionalmente a la población y creó la Fundación Digit (hoy Fundación Dian Fossey) con ese objetivo.

Una muerte horrible

La noche del 26 de diciembre de 1985, alguien mató a machetazos a Dian Fossey: sin contemplaciones, directos a la cabeza.

Se había convertido en una presencia incómoda. Solo en cuatro meses de 1979, Fossey y su patrulla destruyeron 987 trampas de cazadores furtivos en las inmediaciones de Karisoke, su área de investigación en las montañas Virunga. Cada una de esas trampas desactivadas –esas, y tantas otras antes y después– suponía un nuevo rencor contra ella. Eso no la arredraba y había comenzado a emplear tácticas más agresivas. Si ella y los suyos –los gorilas– eran atacados, ella respondía: llegaba a asustar, capturar y humillar a los cazadores; quemó sus campamentos de caza e incluso las esteras de sus casas.

Cada vez más sola, cada vez más alcohólica, cada vez más enferma –sufría un enfisema pulmonar–, Fossey se estaba convirtiendo en un blanco fácil.

La mañana del 27 de diciembre la descubrieron tirada en el suelo de su cabaña. A su lado, vidrios rotos y muebles volcados, una pistola y municiones en el suelo. Pero quedaba claro que no había sido el robo el motivo del crimen: los objetos de valor estaban allí, como su pasaporte, las armas y miles de dólares en billetes estadounidenses.

Sin un sospechoso claro, las autoridades ruandesas se decantaron primero por detener a Emmanuel Rwerekana, un rastreador despedido pocos días antes de la muerte de su jefa y quien a los pocos días apareció ahorcado en la cárcel. ¿Caso resuelto? En absoluto. Después, la policía ruandesa optó por señalar al joven estudiante Wayne McGuire, el único investigador extranjero en el grupo de Fossey. ¿El móvil? Celos profesionales, ganas de ascender. McGuire logró escapar a Estados Unidos, donde se declaró inocente y admirador personal y profesional de Fossey, aunque reconocía el carácter cada vez más complicado de esta.

La opción más plausible –por la motivación– sería la de un cazador furtivo, en representación propia o mancomunada. Sin embargo, según la justicia ruandesa no cabía dicha posibilidad, ya que cualquier cazador no se hubiera arriesgado a acudir a su cabaña, cuando podría haberlo ejecutado en las montañas, donde habría resultado mucho más fácil y limpio. Con el paso del tiempo, se ha apuntado también la posibilidad de que el asesino cumpliese la orden de algún alto funcionario ruandés que se estuviera lucrando con el tráfico ilegal de animales.

Ella fue enterrada, como quería, en un cementerio de Karisoke, junto a las tumbas de sus gorilas más queridos.

El asesinato de Fossey quedó irresoluto, pero el legado de la primatóloga ha cobrado fuerza.

UN CRIMEN POLÍTICO:
OLOF PALME

UN GOLPE A LA SOCIALDEMOCRACIA

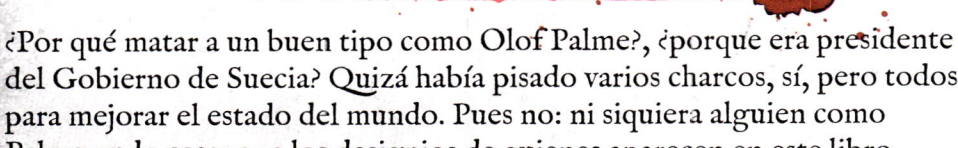

¿Por qué matar a un buen tipo como Olof Palme?, ¿porque era presidente del Gobierno de Suecia? Quizá había pisado varios charcos, sí, pero todos para mejorar el estado del mundo. Pues no: ni siquiera alguien como Palme pudo escapar a los designios de quienes aparecen en este libro.

INFORME OP-282/86

Noche fría en Estocolmo. Qué novedad. Pero sí las hay: un hombre que se da a la fuga dispara dos veces por la espalda al primer ministro sueco. Miraba un escaparate junto a su mujer.

FECHA DEL CRIMEN
28 de febrero de 1986.

MOTIVACIÓN
Crimen político.

ESTATUS DE LA VÍCTIMA
Primer ministro de Suecia.

NÚMERO DE VÍCTIMAS
Una.

REPERCUSIÓN
Conmoción mundial. En 1992, se crea el Centro Internacional Olof Palme, ONG que promueve los derechos humanos y la paz.

¿HAY SOSPECHOSOS?
Hay varias tramas. En 1988 se condenó a un hombre, pero al siguiente lo liberaron. En 2020, la policía sueca acusó a un hombre que estuvo en la escena del crimen, pero que ya había fallecido.

Nuestro nuevo asesinado es un símbolo de lo que todos queremos para el mundo. Paz, buena voluntad, economía de mercado –pero sin pasarse–, sociedad modélica. O al menos era el primer ministro del país al que muchos asocian esos conceptos. Todavía lo era si paramos el tiempo a 28 de febrero de 1986. Cuando llegue la medianoche, dejará de existir como tal. Y quizá nos dé por pensar que esa sociedad, la sueca, no sea tan modélica. O quizá, tan solo, nos movamos en base a tópicos.

Un joven con inquietudes

Los Palme son una de esas familias de rancio abolengo en Suecia. Aunque se sabe que el primer Palme en el país fue un navegante neerlandés que arribó a las costas escandinavas en el siglo XVII, pronto echaron raíces y se instalaron en la nobleza. Incluso se emparentaron con los reyes de Suecia, Noruega o Dinamarca. Y, sin embargo, desde su juventud Palme empatizó con las causas pobres. Nacido en 1927 en una familia luterana conservadora de clase alta, Olof viajó pronto a Estados Unidos y al Tercer Mundo. En Norteamérica se licenció en Artes (1948) y entró en contacto con el mundo sindical; fue allí donde se convirtió en socialista –reconoció–, al vislumbrar los beneficios que permitía el reparto de la riqueza en las clases medias, herencia de las políticas keynesianas. También pudo observar las grandes diferencias de clase que existían y el racismo arraigado en la sociedad. Más tarde viajó por Asia (India, Sri Lanka, Birmania , Tailandia, Singapur, Indonesia y Japón) y tomó nota de las consecuencias del colonialismo y el imperialismo.

En los años 50 se afilió al Partido Socialdemócrata Sueco, donde fue asumiendo cargos de mayor responsabilidad, hasta entrar en el gabinete de ministros en

1963. Durante esa década llegó a ocupar el puesto de ministro de Transportes y de Educación. En 1969, cuando el histórico primer ministro Tage Erlander dimitió, Palme lo sustituyó por aclamación en su partido. Se mantuvo en el cargo hasta su sorprendente derrota en las elecciones de 1976.

Presidente con conciencia

Olof Palme –no solo de apariencia, sino de actitud– se alzaba como un auténtico pacifista. No dudaba en exigir en los lugares oportunos el cumplimiento de los derechos humanos y mostró un férreo compromiso con los Estados del Tercer Mundo. Así fue durante sus dos mandatos como primer ministro, el primero, que conocemos, desde 1969 hasta 1976, y luego desde las elecciones de 1982 hasta aquella aciaga noche de 1986.

Exigía a los líderes de los dos bloques –recordemos ese mundo, no tan distinto del nuestro: Unión Soviética y Estados Unidos– que se desarmasen y se mantuvo crítico con las posturas poco menos que infantiles de las superpotencias. No hacía la vista gorda con el *apartheid* de Sudáfrica, apoyaba la transición democrática española, apostaba por mejorar las relaciones de Occidente con Cuba, la ONU le solicitó que mediase en la guerra entre Irán e Irak... Y predicó con el ejemplo acogiendo a miles de refugiados políticos. Y todo eso mientras reforzaba el legendario estado del bienestar sueco, que pasaba por una ligera –ya la quisieran otros– crisis.

La noche del asesinato

El día en que lo iban a matar, Olof Palme se levantó temprano para reunirse con el «Grupo de los Seis» –los presidentes Rajiv Gandhi (India), Raúl Alfonsín (Chile), Andreas Papandréu (Grecia), Julius Nyerere (Tanzania),

Olof Palme, durante una conferencia, con la icónica rosa del socialismo.

Miguel de la Madrid (México) y él– con mensaje para Ronald Reagan y Mijaíl Gorbachov, en el que les instaban a reducir la actividad nuclear de sus ejércitos. Con el pacifismo por bandera, Palme libraba una guerra sin cuartel contra dictaduras crueles, bien de izquierdas, bien de derechas. Con él, Suecia era un ejemplo de país neutral, pero no «insípido». Alza su voz contra muchas injusticias. Días antes de morir, le escuchamos: «Todos somos responsables del *apartheid*. Si el mundo quiere que desaparezca, podría hacerlo mañana mismo retirando el apoyo a este régimen. (...) Es la única forma de tiranía que marca a un ser humano desde su nacimiento por su color de piel». Pues sí: es un buen tipo, pero algo incómodo.

Por la noche, Olof y Lisbet Palme entran al cine Grand de Estocolmo. Llegan tras el breve paseo que media desde la salida de la estación de metro Rådmansgatan. No necesitan –eso creían– coche oficial ni guardaespaldas. Es posible que ni haya echado la llave de su residencia, algo de lo más habitual en Escandinavia. Son cerca de las ocho de la noche, hace frío, y en el interior les esperan reservadas cuatro butacas de rojo aterciopelado, como las que ya no se estilan. Dos para ellos y otras dos para su hijo Mårten y su pareja. Verán la comedia sueca *Los hermanos Mozart*.

No sabemos si les ha gustado o no, pero termina la película y los Palme salen del cine. Son poco más de las once de la noche. Como toda familia bien avenida, departen unos minutos bajo el neón de la sala. El hijo se despide y sus padres vuelven a casa, de nuevo, en metro.

El matrimonio se dirige hacia el sur por la acera oeste de Sveavägen, camino a la estación de metro de Hötorget. Cuando llegan al escaparate de una tienda, algo les llama la atención y se detienen. El tiempo de Palme se detiene. Es el momento en que, no sabemos bien de dónde, aparece un hombre de mediana edad, con abundante pelo y arropado con un abrigo oscuro. Cuando está cerca –tanto como para realizar dos disparos a quemarropa– saca un revólver con balas .357 S&W Magnum con el que ejecuta a Palme por la espalda. Según los precisos cálculos policiales son las 23 horas, 21 minutos y 30 segundos. Pero no se recupera el revólver Smith & Wesson que cargaba esas balas.

Lisbet y Olof Palme, en una imagen de la década de los 50.

Teoría de LA TRAMA KURDA

El responsable de la policía en Estocolmo consideraba que el PKK (el Partido de los Trabajadores de Kurdistán) urdió el complot. Policía y justicia dieron crédito a esta hipótesis durante muchos años.

Teoría de LA TRAMA SUDAFRICANA

Palme era quizá la voz más alta y clara contra el «apartheid». El régimen racista tenía razones para odiarlo y en 1996 los servicios secretos sudafricanos admitieron que organizaron un plan para matar a Palme.

CONFIDENTIAL

La muerte de Olof

Palme muere atravesado por un proyectil que se le queda en el abdomen y otro que le entra por la espalda y sale por el pecho: proseguirá su camino hasta herir a su esposa, levemente. Un taxista da la voz de alarma. Dos estudiantes intentan socorrerlo: él con un boca a boca, ella con un masaje cardíaco que parece servir para algo. Pero los daños causados en la aorta y en la columna vertebral no tienen remedio. En cuatro minutos llega una ambulancia. Lisbet Palme no quiere abandonar a su marido, aún se agarra a él y a una vana esperanza de vida. Sin embargo, al poco de entrar al hospital Sabbatsberg, declaran muerto al primer ministro de Suecia.

Es el primer asesinato político en Suecia desde 1792, cuando asesinaron al rey Gustavo III durante un baile de máscaras. Suecia es un país modélico, la mayor parte del tiempo.

El asesino huye disparado por las calles de Estocolmo.

Una placa identifica el lugar de Estocolmo donde asesinaron a Palme.

PÅ DENNA PLATS MÖRDADES
SVERIGES
STATSMINISTER
OLOF PALME
DEN 28 FEBRUARI 1986

CLASSIFIED

Teoría de EL LOCO SUELTO

Así llamaban a Christer Pettersson, un delincuente drogadicto y alcohólico. Fue reconocido sin dudas por la mujer de Palme. Lo condenaron, pero ganó la apelación. Confesó el crimen a su novia y a su compañero de celda. Lisbet Palme murió en 2018 convencida de su culpabilidad.

Teoría de EL HOMBRE DE SKANDIA

Así llamado por trabajar en el edificio de esa empresa, sobre el lugar del atentado. Fue el primero en llegar a la escena del crimen. Se le consideró tanto testigo como sospechoso. Según la última investigación judicial, acabada en 2020, fue el asesino. Se había suicidado en 2000.

¿Un cierre en falso?

El asesinato tiene decenas de testigos, pero sus declaraciones no aclaran demasiado la escena. Es más: tienden a enmarañarla. Ha sido un hombre, sí, con un abrigo oscuro. Unos dicen que es un abrigo, otros que una chaqueta azul marino de esquí. Unos afirman que llevaba un gorro, pero no coinciden en el tipo; otros que no lo llevaba.

La reacción de la policía y la justicia es lenta y torpe. Se cometen varios fallos en la protección de la escena del crimen. Baste decir que una de las balas la encuentra un turista indio. Hay pocas pruebas y muchos sospechosos: todos los que odiaban al encantador Palme. Todos a los que disparó sus dardos pueden haberse vengado con balas. Demasiado laxo.

En pleno siglo XXI, el asesinato de Palme sigue constituyendo un enigma, aunque la justicia sueca concluyó en junio de 2020 que el principal sospechoso del crimen –no pudieron llamarlo «autor» a falta de un juicio– fue Stig Engström, el llamado *hombre de Skandia*. La valentía política, en cualquier caso, de Olof Palme le había granjeado demasiados enemigos. Todos inmerecidos.

Pese a que la policía se decantó en 2020 por uno de los sospechosos, el crimen de Palme sigue siendo un misterio.

EL JUICIO DEL SIGLO:
NICOLE BROWN

EL ESTADO DE CALIFORNIA CONTRA O. J. SIMPSON

A finales del siglo XX un doble crimen sacudió Estados Unidos. En realidad, las víctimas eran lo de menos. Había sensación porque el principal sospechoso era uno de los tipos más famosos del país. Tan rico como para buscarse una defensa que supo dejar el crimen sin culpable.

INFORME OJ-126/94

Un policía llega a una casa en un barrio rico de Los Ángeles. Descubre allí una orgía de sangre y dos cuerpos acuchillados con saña. Uno de ellos es la exmujer de O. J. Simpson, celebridad y maltratador.

FECHA DEL CRIMEN
12 de junio de 1994.

MOTIVACIÓN
Celos.

ESTATUS DE LAS VÍCTIMAS
Exmujer del acusado y su novio.

NÚMERO DE VÍCTIMAS
Dos.

REPERCUSIÓN
El juicio televisado se convertirá en el más visto de la historia. La lectura del veredicto la siguen más de 100 millones de personas.

¿HAY SOSPECHOSOS?
O. J, Simpson, el exmarido de Nicole Brown. Este afirma que fue un asesino a sueldo, por asuntos de drogas.

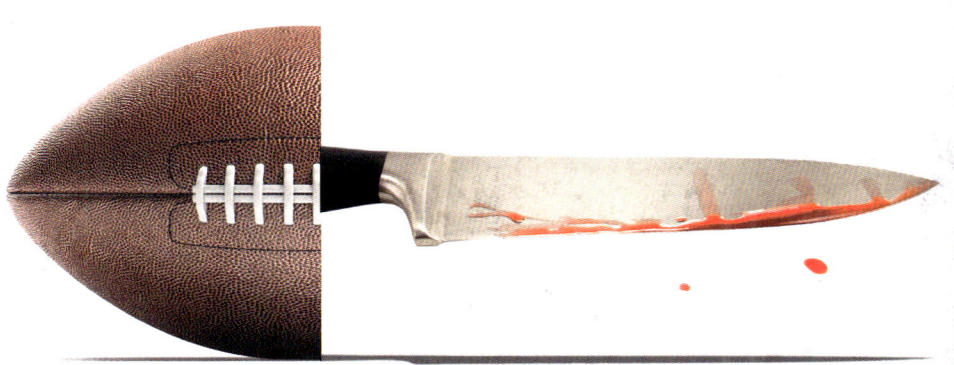

¿Estamos ante el asesinato más mediático de la historia de los Estados Unidos? Hasta cierto punto, se puede afirmar que así es. A mediados de los años 90 ya imperaba la sociedad de la información (o del espectáculo), aunque internet estuviera en pañales. El principal acusado era uno de los deportistas más famosos del país, una estrella acostumbrada a ocupar –no siempre para bien– las portadas de los medios. La víctima, su exmujer y madre de los hijos de ambos, con un historial de malos tratos recibidos. El caso parecía claro para quien quisiera mirar, pero la justicia se tomó muy en serio aquello de ser ciega.

En el verano de 1994, en Estados Unidos, no se hablaba de otra cosa.

Una vida no tan perfecta

Nicole Brown fue hija directa de los efectos de la Segunda Guerra Mundial. Y de sus padres, claro; pero estos se conocieron en Alemania, de donde era su madre y su padre permanecía como soldado tras el conflicto. Nicole nació en Frankfurt en 1959, aunque pronto se mudó con su familia a los Estados Unidos, en California.

Antes de acabar el instituto ya había ganado algún concurso de belleza. En 1977, Nicole empezó a trabajar en un club privado y allí conoció a O. J. Simpson, ya por entonces uno de los deportistas más conocidos del país, no solo por sus sobresalientes logros en los campos de fútbol americano, sino por su actividad publicitaria, televisiva e incluso cinematográfica. Por entonces, Simpson ya estaba casado y con tres hijos. Empezaron una relación, Simpson se divorció en 1979 y en 1985 se casaron, cinco años después de que Simpson dejase el fútbol americano. Tuvieron dos hijos. Y hasta aquí la telegráfica y aparente vida feliz de este matrimonio rico en presupuesto.

La realidad fue más compleja. O, simplemente, dura. Brown maltrató físicamente a su pareja casi desde el primer momento. La relación tuvo mucho de tóxica desde el principio, con frecuentes discusiones, celos, etcétera. La fama, además, es mala compañera de la inestabilidad; y, a menudo, indisociable de ella. Este fue un caso paradigmático. También de denuncias de malos tratos que acaban en «reconciliación». La policía acudió al hogar en varias ocasiones. Fue detenido en una ocasión, en 1989, por abuso conyugal. Nicole terminó retirando los cargos, presionada por sus padres: Simpson les había «regalado» un negocio de alquiler de automóviles y querían mantenerse en buenos términos con él.

El escándalo

Pero en febrero de 1992, Nicole solicitó el divorcio. Ya había tenido suficiente. Y, aunque tras la separación la relación entre ambos mejoró, Simpson la siguió acosando y amenazando. En 1993, la policía llegó a su residencia, donde la pudieron grabar atemorizada por la actitud de su expareja.

Un año más tarde, la noche del 12 de junio de 1994, Nicole fue acuchillada hasta la muerte a las puertas de su casa, en un barrio del oeste de Los Ángeles. Lo mismo le sucedió a su pareja de entonces, Ron Goldman. Dos víctimas, un reguero de sangre y los dos hijos de Brown y Simpson, durmiendo arriba. Por fortuna, fue la policía quien descubrió los cuerpos, unas dos horas después de los hechos, hacia las 00:10 de la noche del 13 de junio. Ambos estaban cosidos a puñaladas; Nicole, además, prácticamente degollada.

¿Sospechosos? Uno sobre todo. Alto, fuerte y famoso, muy famoso. Y que no respondía a la citación de la policía.

Simpson había volado, horas después del crimen, a Chicago. La policía le había pedido que se entregase en una comisaría de Los Ángeles el 17 de junio. Se le vio ese día en un coche –con el tiempo, un célebre Ford Bronco blanco– conducido por un amigo suyo, en una autopista del sur de California. La policía lo persiguió durante horas a baja velocidad. Cerca de una decena de helicópteros, de la policía y medios de comunicación, se sumaron a la caravana de perseguidores. Todo ello, retransmitido en directo por la práctica totalidad de las cadenas televisivas –y radiofónicas– estadounidenses. Decenas de millones de

Nicole Brown, en 1977.

norteamericanos contemplaron esa insólita persecución, durante la cual el conductor informaba por teléfono que su amigo amenazaba con suicidarse. Fue el pistoletazo de salida de la telerrealidad, de la carnaza informativa.

Finalmente, se entregó en su mansión. En el vehículo se encontraron miles de dólares en billetes, un pasaporte, ropa de cambio, una pistola y una barba y un bigote falsos. También, una nota que insinuaba su propio suicidio. ¿De veras pensaba escapar?

Justicia «para todos»

El juicio que siguió (empezó el 24 de enero de 1995) fue hijo de ese simulacro de fuga: televisivo, multitudinario, espectacular, para todos los públicos y opiniones. No era el primero a un personaje célebre –ya hemos dado cuenta de alguno en estas páginas–, pero sí el primero con cobertura televisiva en directo, en una sociedad aún relativamente virgen en esas lides. Además, se sumaba otro elemento, social y emocional: la cuestión racial.

Dos años antes, en todo el país, pero en especial en Los Ángeles, hubo graves disturbios –con decenas de muertos– por tensiones raciales, con la espita del maltrato de la policía a ciudadanos negros. Y el juicio sonaba, se quisiera o no –con alguna justificación o con ninguna– a acusación de una víctima blanca contra un negro.

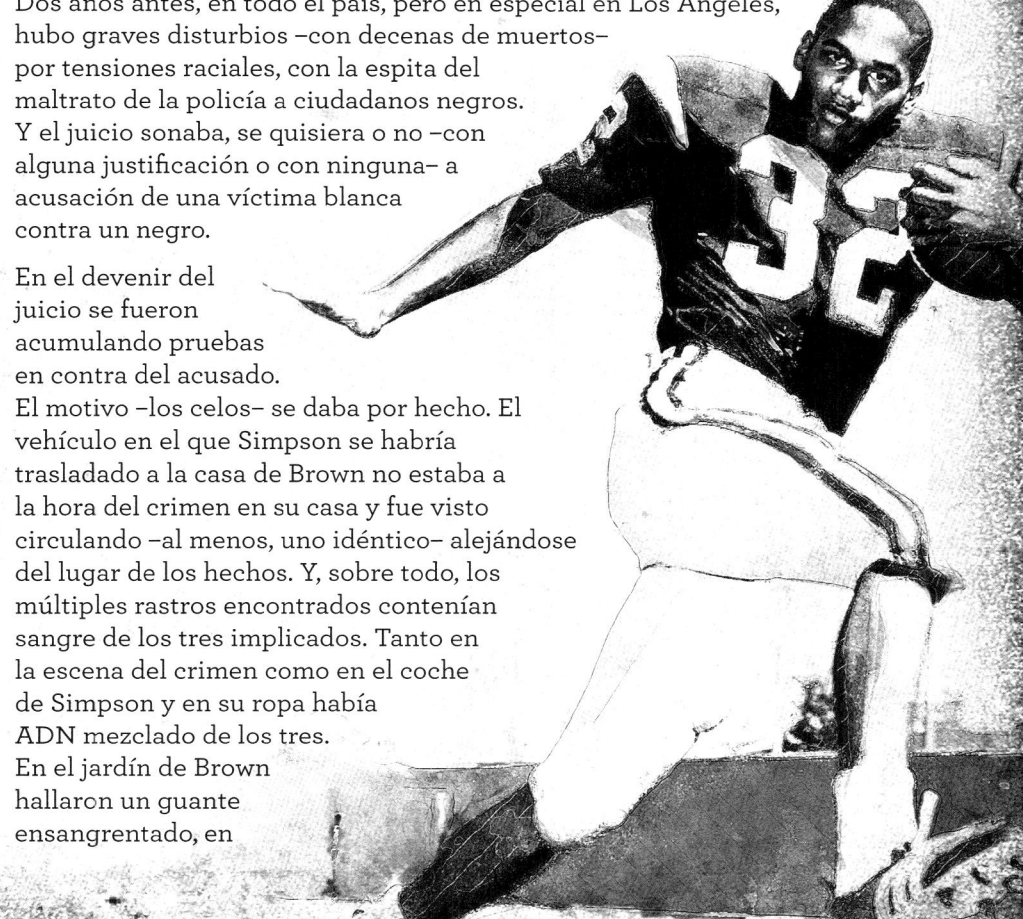

En el devenir del juicio se fueron acumulando pruebas en contra del acusado. El motivo –los celos– se daba por hecho. El vehículo en el que Simpson se habría trasladado a la casa de Brown no estaba a la hora del crimen en su casa y fue visto circulando –al menos, uno idéntico– alejándose del lugar de los hechos. Y, sobre todo, los múltiples rastros encontrados contenían sangre de los tres implicados. Tanto en la escena del crimen como en el coche de Simpson y en su ropa había ADN mezclado de los tres. En el jardín de Brown hallaron un guante ensangrentado, en

O. J. Simpson, posando como *running-back* hacia 1968.

la casa de Simpson, otro. También, en el cuarto de este, una pareja de calcetines con iguales características.

En general, todo parecía caer por su propio peso. Pero Simpson tenía un as en la manga: una defensa legal millonaria. Sus abogados se agarraron a un hecho un tanto extravagante... pero mensurable: la cantidad de sangre que se le sacó al poco de detenerlo no era exactamente igual (¡apenas 1 mililitro menos!) que la que se conservaba, sin pensar que la primera medición no tenía por qué ser exacta, o que la propia densidad de la sangre hiciera que se quedase pegada a las paredes de los instrumentos. También apelaron al presunto racismo de los agentes de la policía, que habrían podido utilizar esa sangre para contaminar todo lo demás.

Un crimen... ¿sin resolver?

La mañana del 3 de octubre de 1995 se leyó el veredicto del jurado. Se colocó un centenar largo de agentes rodeando aquella corte, en previsión de que una multitud enfervorecida pudiera producir disturbios como los de 1992. El país, literalmente, se detuvo esa mañana, como si las respiraciones de decenas de millones de estadounidenses se hubieran acompasado. A las 10:07 nadie hablaba, el ruido bajó, se escuchaba. El jurado dictaminó: O. J. Simpson era no culpable de ambos asesinatos. Oficialmente, eran unos crímenes sin resolver.

Varios de los jurados rompieron su silencio y admitieron que, creyendo que Simpson fue el asesino, la torpeza de la fiscalía y cierta inexperiencia policial habían dejado la puerta abierta a una minúscula duda razonable. La presión social, el miedo a las consecuencias, también pudo haber sido un factor. Los pasados errores y abusos de la policía angelina con muchos ciudadanos negros, también. Todo fue extremo en aquel juicio.

Dos años después, las familias de las víctimas consiguieron que se emprendiese un juicio civil –del que se pueden derivar consecuencias económicas, pero no penales– contra Simpson. Esta vez se le consideró culpable y tendría que pagar –nunca lo hizo– 33,5 millones de dólares.

La telerrealidad es un género de televisión que presenta situaciones sin guion y que encuentra el espectáculo en lo insólito, morboso o truculento de lo que enseña.

La «falacia del fiscal»

La defensa de O. J. Simpson capitalizó de manera muy hábil el racismo de la policía para convencer de que podía existir un «complot racista». Pero también empleó una artimaña estadística (llamada «falacia del fiscal», aunque aquí fuera usada por la defensa) que la fiscalía no supo desbaratar.

Según argumentaron, si bien cuatro millones de mujeres eran maltratadas cada año por sus parejas en Estados Unidos, solo 1 432 (1 entre 2 500) fueron asesinadas por estos. Así que concluyeron que tan solo había una probabilidad del 0,0004 % de que Simpson fuera culpable. Pero dicha probabilidad no es pertinente. Sí la de que una mujer maltratada sea asesinada por su maltratador. Según un informe, de todas las mujeres maltratadas en ese año, el 90 % fueron asesinadas por su maltratador. Así que, si buscaban una vía de escape con esa estadística, la realidad arrojaba que Simpson solo tenía un 10% de probabilidades de ser inocente, no 1 entre 2 500.

Pero la fiscalía, en esta ocasión, sabía más de leyes que de matemáticas.

Extraño epílogo

En 2007 la justicia le volvió la cara al exdeportista. Años antes, ya había tenido algún problema, arrestos por delitos de agresión y de excesos de velocidad, entre otros. Aquel año, Simpson lideró un robo en un hotel en el que se guardaban objetos de coleccionista relacionados con él. Se hizo a punta de pistola y se retuvo a un hombre. Descubierto por la policía, admitió su culpa y, sin posibilidad de una defensa millonaria, fue sentenciado esta vez a 33 años de cárcel en 2008. En octubre de 2017, tras cumplir 70 años y según la ley, fue puesto en libertad.

Simpson siempre ha sostenido que fue un asesino a sueldo quien mató a Ronald y Nicole, por asuntos de drogas.

Este caso se consideró una prueba de que es el dinero —más que la raza— lo que puede inclinar la balanza de la justicia a un lado o a otro.

UN CRIMEN PARA RETROCEDER:
BENAZIR BHUTTO
UN LEGADO INCONCLUSO

La primera mujer que dirigió el Gobierno en un país musulmán tenía muchos enemigos. Asustaban sus nuevas ideas, que fuera mujer, que con ella llegasen los cambios. Murió asesinada cuando regresaba a ilusionar de nuevo a su país, Pakistán.

INFORME BB-2712/07

Bhutto saludaba a sus seguidores, que la jaleaban y cercaban. Entonces, suenan tres disparos. No hay tiempo para asustarse: acto seguido, explota una bomba. El escenario quedó bañado en sangre.

FECHA DEL CRIMEN
27 de diciembre de 2007.

MOTIVACIÓN
Crimen político.

ESTATUS DE LA VÍCTIMA
Candidata a primera ministra en Pakistán.

NÚMERO DE VÍCTIMAS
24.

REPERCUSIÓN
Los Gobiernos mundiales, en especial en Occidente, lamentan su pérdida. Su marido será el presidente del país y su hijo hereda la dirección del partido.

¿HAY SOSPECHOSOS?
El Gobierno pakistaní señala a los talibanes y Al Qaeda; los partidarios de Bhutto, al Gobierno.

DEDICARSE A LA política y ser mujer bien podría parecer un oxímoron en algunos países del mundo. Pero siempre –en realidad, no siempre: se suele partir de la nada y aparecen las pioneras– hay excepciones. Benazir Bhutto fue una de ellas, quizá la principal si tenemos en cuenta el ámbito musulmán. Mujer culta, educada, carismática, atractiva, aperturista y abierta a Occidente. Alguna de esas características, o una mezcla ponderada de todas ellas, le condujo a la muerte. Porque siempre –en realidad, por los siglos de los siglos– hay a quien lo nuevo le pone muy nervioso.

Una dinastía política

Desde luego que Benazir Bhutto fue una pionera, pero lo tuvo algo más fácil con ese apellido. Los Bhutto, desde hacía décadas, eran una familia aristocrática y destacada en Pakistán. Su padre, de hecho, fue presidente del país y primer ministro durante la década de 1970, fundador del Partido Popular de Pakistán (PPP), un intento de partido socialdemócrata musulmán laico. Por desgracia para la familia, Zulfikar Ali Bhutto murió ahorcado en 1979 por el general que lo derrocó un par de años antes.

Para entonces, Benazir (que en árabe quiere decir «única, sin igual») ya era una prometedora joven, que cursó sus estudios de secundaria en Estados Unidos y los de Filosofía, Ciencias Políticas y Economía en la Universidad de Oxford, en el Reino Unido. Cuando regresó a su país para continuar la obra de su padre, la dictadura la encarceló en sucesivas ocasiones, hasta completar algo más de cinco años entre rejas. En 1984 la liberaron y se refugió en Londres.

Acción y reacción

En 1988, el PPP, apoyado por una masa social, obligó al entonces dictador Mohamed Zia ul Haq a convocar unas elecciones (el mandatario murió semanas antes de su celebración, en un controvertido accidente aéreo). Benazir las ganó y se convirtió –no mentíamos– en la primera mujer en dirigir un país musulmán, además de la persona más joven, en democracia, en liderar un estado de dicha religión.

Fue la primera ministra durante dos mandatos (1988-1990 y 1993-1996) durante los cuales tuvo que enfrentar investigaciones por corrupción, luchas internas en el PPP y en su familia —su madre y su hermano alzaron sus voces críticas en su segundo periodo— y una creciente inestabilidad política y social (cuestiones que nunca han faltado en Pakistán).

Bhutto quiso modernizar el país tras los años oscuros de la dictadura e impulsó mejoras en la educación y en la sanidad. Entre sus intereses se encontraba defender los derechos de las mujeres, aunque se quedó más en una intención que en un cambio real, debido al control parlamentario. Las pakistaníes tuvieron algo más fácil su inclusión en el mundo laboral, pero permanecieron como ciudadanas de segunda en muchos otros aspectos. Como economista de profesión, tomó ella misma las riendas del ministerio de Finanzas. No estaba de acuerdo con la nacionalización y la economía socialista de su padre y apostó por la privatización de varias empresas estatales. La oposición conservadora y religiosa, la mala situación económica y la corrupción socavaron los Gobiernos de Bhutto, hasta su destitución en 1996.

Benazir Bhutto, en Dubái en 2006.

Ida y vuelta

Acusada de corrupción y condenada por ello, Bhutto dejó el país y fijó su residencia entre Dubái y Londres durante el siguiente decenio. Se mantuvo políticamente activa, entrevistándose con diferentes líderes internacionales. Occidente siempre la vio como una potencial aliada, de ahí que Estados Unidos presionase al Gobierno del general Pervez Musharraf para que la dejase volver sin cargos al país. En 2006, la Interpol había emitido una nota de arresto contra ella y su marido, por oscuras cuentas en paraísos fiscales, un dinero asociado a su herencia familiar. Ella lo achacó todo a una *caza de brujas* por parte de sus enemigos. En cualquier caso, las maniobras diplomáticas tuvieron éxito y Bhutto logró su billete para una vuelta a casa a finales de 2007.

En 2008 se esperaban unas elecciones claves para el país, que estaba levantado contra el propio Musharraf (quien ya había sufrido varios intentos de asesinato por parte de extremistas islámicos). Benazir volvía con aura de salvadora y se postulaba como favorita para llevarse la victoria. Sabía que ella también estaba en la diana y solicitó a Estados Unidos o al Reino Unido que se encargasen de gestionar su seguridad. Pero ambos países se negaron y fue el Gobierno de Musharraf el que tuvo que hacerse cargo. Quizá a regañadientes.

Se cierra el cerco

Desde el primer minuto de su vuelta a casa, Benazir no ocultó sus ambiciones políticas. Caminaba en olor de multitudes allá por donde pasase. Su primera parada fue en Karachi, la ciudad que la había visto nacer 54 años antes, donde ofreció un mitin el 18 de octubre. Las calles de la ciudad se atestaron para ver y escuchar a la hija pródiga. Ella arengaba desde un camión cuando dos bombas explotaron en el centro de aquel gentío. Ella resultó ilesa, pero murieron 149 personas. Benazir señaló a los herederos del general Zia y su entorno a la dejadez y connivencia del régimen de Musharraf. El aún primer ministro culpó a Al Qaeda y a células talibanes en Pakistán.

Bhutto ya comprobaba que su regreso no satisfacía a todos. Eso nunca sucede, pero si eres mujer y traes vientos de cambio –quizá no tantos, quién sabe– el peligro se multiplica. Después del atentado, ella y su marido pidieron a

Musharraf mayor seguridad. También a las embajadas de Estados Unidos y el Reino Unido, sin fortuna. Sin embargo, aquello no arredró a alguien como Benazir, la única, la sin igual. Incansable, siguió recorriendo el país y paró en Rawalpindi, donde iba a encontrar su muerte el 27 de diciembre.

Esa misma mañana se entrevistó con Hamid Karzai, el presidente del vecino Afganistán. Por la tarde se dirigió al Liaquat National Bagh, un emblemático parque donde celebró un mitin multitudinario. Otro nuevo de baño de masas confirmaba lo que parecía evidente: Benazir Bhutto tenía ya vitola de nueva primera ministra. Que los votos la refrendasen era solo cuestión de tiempo.

Pero lo que no tenía –ella no lo sabía, nosotros ya sí– era tiempo. Una vez terminado el acto, se dispuso a abandonar el parque mientras saludaba desde su coche blindado, con una escotilla que le permitía levantarse y asomar medio cuerpo por el techo. Eran cerca de las cinco de la tarde y lo primero que asustó al gentío fueron tres disparos que una mano entre la multitud dirigió contra Benazir. Unos segundos después, alguien (¿esa misma mano?) hizo estallar un chaleco bomba. Murieron 23 personas a causa de ese estallido. O 24, si contamos a Bhutto.

La polémica

La causa de la muerte de Bhutto originó todo un debate que, incluso hoy, no todos dan por cerrado. En un primer momento se dio por hecho que fueron esos disparos (dos de ellos) los que la mataron. Eso informó el círculo más cercano a la política. Sin embargo, al día siguiente, tras una autopsia poco clara, el Gobierno informó que tuvo que ser el choque contra el borde del techo solar el que produjese el impacto mortal. Los forenses observaron golpes muy fuertes en el lado derecho de la cabeza de Bhutto, mientras que los disparos habrían venido por la izquierda.

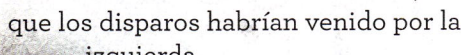

Más allá de la cuestión técnica, la disputa encerraba una cuestión de fondo. Si los disparos mataron a Benazir, la balanza de la culpa se inclinaba contra el dispositivo de seguridad. Si fue el choque como consecuencia de la onda expansiva, ahí ya entraba la mala suerte. Al menos, eso se pretendía insinuar.

Del culpable no quedó apenas rastro, pero se elevaron varias hipótesis sobre la autoría intelectual del crimen. La más respaldada señalaba a Al Qaeda, que mantenía varios grupos terroristas infiltrados en Pakistán. El Gobierno afirmó haber interceptado una declaración del líder de uno de ellos (Lashkar-e-Jhangvi) en la que felicitaba a sus seguidores por llevar a cabo el asesinato. Ese grupo declinó cualquier responsabilidad y señaló al Ejecutivo y a las agencias de seguridad extranjeras.

La misma ONU envió una comisión para investigar el asesinato a petición del Gobierno de Pakistán. Había una teoría que apuntaba al marido de Bhutto, Asif Zardari, como instigador del crimen, ya que heredó sus cargos, pero sin mayores pruebas. La comisión denunció fallos infantiles en la cadena de seguridad de la candidata, de tal calibre que apenas se podían creer que no fueran intencionados. En noviembre de 2011, un tribunal pakistaní acusó a dos agentes de policía en relación con el asesinato de Bhutto, entre ellos el ex jefe de policía de Rawalpindi. También a otros cinco hombres, todos relacionados con el grupo talibán pakistaní.

Sin embargo, los partidarios de Benazir aún renuncian a considerar este caso como cerrado. Y su hijo, Bilawal Bhutto Zardari, aspira a seguir el camino de su madre y continuar la dinastía Bhutto.

Eran muchos quienes deseaban ver muerta a Benazir Bhutto. De ahí que las sospechas fueran imposibles de contener.

El mausoleo familiar de los Bhutto, en Larkana, donde reposan los restos de Benazir Bhutto.

¿ASESINATO O SUICIDIO?:
ALBERTO NISMAN

EL FISCAL QUE SEÑALÓ A UNA PRESIDENTA

El caso de Alberto Nisman dividió -y sigue dividiendo- a un país: Argentina. Estamos ante un caso en el que se debate si hubo crimen o suicidio. Es la historia de un hombre que se enfrentó al sistema... Pero se ignora si con las cartas adecuadas. Priman las convicciones sobre las pruebas.

INFORME AN-181/15

La mañana del 18 de enero, la madre del fiscal Nisman intenta entrar al apartamento de su hijo, que no responde a las llamadas. Tienen que forzar la puerta para comprobar que yace muerto en el baño.

FECHA DEL CRIMEN
18 de enero de 2015.

MOTIVACIÓN
¿Crimen político o suicidio?

ESTATUS DE LA VÍCTIMA
Fiscal estrella argentino.

NÚMERO DE VÍCTIMAS
Una.

REPERCUSIÓN
El caso que Nisman pretendía levantar contra la presidenta de Argentina fue cerrado por falta de pruebas.

¿HAY SOSPECHOSOS?
Sicarios a cargo de la presidenta de Argentina, un ayudante del fiscal o el propio Alberto Nisman.

Parece un clásico de las películas, pero no, sigue pasando, año tras año. Un hombre *bueno* –o basta con que sea honrado–, representante de la ley, se acerca a la verdad de un caso de corrupción, a un delito de sangre, a un prófugo de la justicia. Y, poco antes de reunir las pruebas, de que de su mano la ley caiga sobre el corrupto, el asesino, el fugado... desaparece. Muere. Se suicida. *Lo suicidan*. Es una película que nos parece haber visto ya antes, pero cada una tiene una historia que merece ser contada. Esta es la de Alberto Nisman, fiscal argentino.

Un atentado y sus consecuencias

La suya empieza en diciembre de 1963, porque nace el 5 de ese mes, dentro de una familia judía laica. Estudió para abogado y en ese ámbito fue subiendo poco a poco. Era un joven talentoso e íntegro. Además, compatibilizaba la abogacía con las clases que impartía como profesor en las universidades de Buenos Aires y de Belgrano. En la década de 1990 recibió el cargo de fiscal federal. En 1997 lo invitaron a sumarse al equipo de fiscales que investigaba el atentado con coche bomba que sufrió la Asociación Mutual Israelita Argentina (AMIA) en 1994, uno de los mayores ejecutados en un país occidental hasta entonces. Ese fue al caso que marcó su vida profesional (y su muerte personal).

La causa AMIA (ver recuadro) se convirtió en el caso estrella de un país ya acostumbrado a grandes escándalos como es Argentina. Tras siete años de investigación, el nuevo presidente argentino, Néstor Fernández de Kirchner, creó una unidad especial para la investigación en 2005. Al frente de ella colocó a un fiscal de prestigio y con experiencia en el asunto; el elegido era Alberto Nisman. Era todo un gesto para un caso que *avergonzaba* al país; el presidente saludó así la incorporación de Nisman: «El señor fiscal tiene todas las carpetas del Servicio de Inteligencia (SIDE) para hacer la investigación y llevarla a fondo; todas y además todas las atribuciones para que el Estado esté a disposición de él para que pueda encontrar justicia definitivamente. Nuestro apoyo incondicional; apoyamos decididamente al éxito del doctor. Sufrimos lo que sufren los familiares más la vergüenza de tener un Estado que durante tanto tiempo no supo resolver o no quiso o encubrió. Porque no hay duda de que para llegar a tanto encubrimiento debió existir y esperemos que la justicia avance».

Duelos de poder

La autoría del atentado de la AMIA apuntaba a una cuestión religiosa –a terroristas de un país musulmán–, pero no había muchas pistas. Nisman descartó pronto la «pista siria» y se decantó por la «pista iraní», una línea de investigación que apuntaba hacia cinco exfuncionarios persas y que fue defendida por el Gobierno como tesis principal. Según las pruebas que iba recogiendo, la embajada de Irán y el grupo armado chií libanés Hezbolá, serían los responsables.

En 2006, Argentina interpuso una orden de captura internacional de estos exfuncionarios ante la Interpol,

El fiscal Alberto Nisman.

EL ATENTADO AMIA

El 18 de julio de 1994, un coche bomba destruyó el edificio de la Asociación Mutual Israelita Argentina, y causó la muerte de 85 personas, además de 300 heridos. Dos años antes, en un atentado similar, fue volada la embajada de Israel en Argentina, con un saldo de 22 fallecidos.

Durante los primeros años de investigación, la justicia argentina, apoyada en miembros del Gobierno de Carlos Menem, encubrió el atentado. Se construyó una causa ficticia para imputar a expolicías de la provincia de Buenos Aires y llevarlos a juicio. El llamado «primer juicio» (hubo otros dos) se inició en 2001; para cuando se desmontó la mentira, los acusados llevaban casi una década en la cárcel.

Alberto Nisman fue el fiscal que acusó a 13 personas por participación y encubrimiento del atentado a la AMIA en el «primer juicio», entre ellas el expresidente Carlos Menem. Este «segundo juicio» comenzó en agosto de 2015. Para entonces, Nisman ya estaba muerto.

Panorama tras el atentado, en la calle Pasteur 633 de Buenos Aires.

aunque no pudo ser ejecutada por el rechazo iraní a una extradición. En 2008, Nisman solicitó la detención del expresidente Carlos Menem –quien gobernaba en el momento del atentado– por encubrimiento, construir pruebas y destruir otras, con el objetivo de desviar la investigación y culpar a la policía local. Hubo quien vio en esto un guiño a la nueva presidenta, Cristina Fernández de Kirchner, esposa de Néstor. Los hechos futuros pondrían esto en duda.

Tensiones con el poder

No fue fácil la relación del fiscal con el Gobierno de Cristina Fernández. En 2013, la presidenta promocionó la firma de un «Memorando de entendimiento» entre Argentina e Irán, que planteaba la creación de una «Comisión de la Verdad» para avanzar sobre el atentado. Sin embargo, Nisman vio en este acuerdo una mascarada para comprar combustibles iraníes a buen precio para paliar la crisis energética argentina y, a cambio, hacer la vista gorda con la tragedia de la AMIA. El fiscal se creyó con las pruebas oportunas para denunciar la presunta trama.

El 14 de enero de 2015, Nisman presentó dicha denuncia, cimentada en unas escuchas telefónicas. Faltaban las pruebas de audio, que iban a adjuntarse el lunes 19 de enero. Ese mismo día, Nisman debía comparecer ante el Congreso (algo insólito para un fiscal) y explicar sus investigaciones. Apareció también en un programa televisivo para explicarse ante el país. Unos días antes, quizá temiendo que el Gobierno lo cesara en sus cargos, había dejado plantada a su hija en el madrileño aeropuerto de Barajas en medio de un viaje de placer por Europa. Se excusó con que era urgente su vuelta al país, y mandó un mensaje a sus contactos de confianza, explicando que, aunque se sabía amenazado y en peligro, estaba a punto de dar un golpe judicial a las supuestas intrigas del Gobierno. Se lo veía ansioso, excitado.

Dudas y presiones

En los días posteriores a la denuncia, Nisman se encerró en su apartamento, para preparar su discurso en el Congreso. Realizó varias llamadas, entre ellas al espía clave del caso, Jaime Stiuso, quien le habría proporcionado las escuchas; pero este no le cogió ninguna. ¿Le había dejado vendido en el momento clave? Durante esos días, su denuncia sufrió varios reveses judiciales. Dos jueces –entre ellos quien investigaba el atentado contra la AMIA– hablaron de falta de pruebas. ¿Veía Nisman que toda su acusación se venía abajo? ¿No podía soportar la presión mediática y familiar? ¿Estaba tan en peligro como él pensaba? La noche del 17 de enero le pidió una pistola a un empleado de confianza; afirmaba no tener confianza en sus escoltas. ¿Se la llevó y se fue o apretó el gatillo? La mayoría de forenses afirmaron que, por las horas, no podría haber sido él.

La realidad dijo que el 18 de enero, tras alertar los escoltas de que Nisman no daba señales de vida en su apartamento, la madre del fiscal fue alertada y entró, acompañada de un cerrajero y los custodios, a la vivienda de su hijo. Quizá cuando intentaron abrir la puerta del baño y no pudieron, impedida por algo pesado pero blando, ya sabían lo que se iban a encontrar.

Tras la muerte de Nisman, miles de personas salieron a las calles para homenajear al fiscal y a pedir explicaciones.

La dualidad argentina

A partir de ahí, una cadena de despropósitos. Al piso entraron multitud de agentes y peritos, que no preservaron la escena del ¿crimen o suicidio? del fiscal Nisman. Se vio a un forense limpiando el arma con papel higiénico. En cualquier caso, de primeras, el cadáver apuntaba a un suicidio. Aunque el momento, la previa de la declaración en el Congreso... señalaba a la presidenta. Si las pruebas decían suicidio, la historia política de Argentina, homicidio.

Lo sucedido en los años siguientes dijo más sobre el país que sobre el caso. En un primer momento, la justicia declaró que la tesis más probable era la del suicidio. Pero, en un análisis posterior, otras pruebas arrojaron el homicidio sobre la mesa: la mano del difunto no mostraba rastros de pólvora y se observaron golpes en una segunda autopsia y restos de droga en la sangre. Pero los cerrojos de las puertas estaban echados por dentro (aunque sobre este punto tampoco hubo consenso). Resultaba difícil creer en algo sin reservas. A la justicia ordinaria se la tachaba de presidencialista; a la federal, de favorable a la oposición. Lo mismo pasaba en la opinión pública: si alguien pensaba que había sido un suicidio, tenía que ser todo un kirchnerista; si creía que fue un asesinato, debía ser un furibundo opositor.

A la par, se abrió una investigación sobre los bienes de Nisman y se descubrió que tenía cuentas no declaradas con cientos de miles de dólares en Estados Unidos y bienes inmobiliarios a nombre de su madre. En 2018, la Cámara Federal de la ciudad de Buenos Aires falló que el fiscal fue asesinado por su denuncia contra Cristina Fernández.

En Argentina, se dice, primero van las conclusiones y luego los hechos. Este caso dejó dos víctimas seguras: una, Alberto Nisman; la otra, como en las guerras, la verdad.

La tumba de Alberto Nisman se encuentra en el cementerio israelita de La Tablada, en Buenos Aires.

El expediente sigue aún abierto en otros frentes y se investiga a algunos posibles sospechosos.

MUERTE NUCLEAR:
ALEKSANDR LITVINENKO

VENENO CRUEL Y ORIGINAL

En 2006, solo una ciudad del mundo tenía la capacidad de detectar rastros de polonio, un elemento radiactivo y letal. Fue allí donde se ejecutó el envenenamiento de un antiguo espía del KGB, a quien el Kremlin señalaba como un traidor. ¿Se convirtieron en realidad las amenazas?

INFORME AL-311/06

Tomarse un té con unos amigos en un hotel de Londres suele ser motivo de regocijo. Es lo que hace Litvinenko con unos antiguos colegas del KGB. Pero, cuando llega a casa, cae gravemente enfermo. ¿Contenía algo más esa infusión?

FECHA DEL CRIMEN
3 de noviembre de 2006 (muerto el 23).

MOTIVACIÓN
Venganza.

ESTATUS DE LA VÍCTIMA
Exespía ruso.

NÚMERO DE VÍCTIMAS
Una.

REPERCUSIÓN
Reino Unido y Rusia enfrían sus relaciones diplomáticas.

¿HAY SOSPECHOSOS?
La justicia británica da por altamente probable la autoría de dos agentes rusos, patrocinados por su gobierno. Rusia afirma no tener nada que ver.

EN LAS PELÍCULAS de espías, un crimen sin resolver se da por descontado. Si los espías no son capaces de hacer bien su trabajo... El problema llega cuando la muerte no se produce en una película, sino que es tangible: hay una viuda, un entierro, deja rastro cuando las luces de la realidad se encienden. Es el caso del asesinato de Aleksandr Litvinenko, un hombre al que mataron no ya a cañonazos, sino con una «sutil» bomba nuclear.

Una de espías

Litvinenko murió en Londres en 2006 como ciudadano británico, pero era ruso hasta la médula. Nació en 1962 en Vorónezh, en el centro neurálgico de la Rusia europea, capital de la región histórica de Chernozemie. *Chernozem* quiere decir «tierra negra», un suelo excelente para la agricultura. El joven Aleksandr, sin embargo, tenía claro que su futuro se hallaba bien lejos de los cultivos. Apostó por una carrera en el ejército en aquella URSS de los años 80 que estaba al borde del desmoronamiento.

En 1986 se convirtió en informante –es decir, espía– cuando fue reclutado por la sección de contrainteligencia del KGB. Litvinenko ascendió al Estado Mayor Central del Servicio Federal de Contrainteligencia en 1991 (justo cuando la URSS se disolvió), especializado en actividades antiterroristas e infiltración en el crimen organizado. Actuó durante la Primera Guerra Chechena, cuando manejó un grupo de infiltrados del Servicio Federal de Seguridad (FSB), la agencia sucesora del KGB.

Corrupción en el poder

Fue a finales de esa década cuando Litvinenko comenzó a entablar contactos con las mafias rusas. Y pudo comprobar de primera mano las conexiones del poder político con ellas, cómo se respaldaban y operaban en corrupta simbiosis. A la par, Aleksandr cobraba como responsable de seguridad del oligarca ruso Boris Berezovski, en una extraña dualidad de funciones. Este empresario sufrió un intento de asesinato, del que responsabilizó públicamente al nuevo presidente de Rusia, a Vladimir Putin, quien había sido el máximo dirigente del FSB.

Posiblemente influido por su vínculo con Berezovski, Litvinenko ofreció, junto con otros compañeros del FSB, una entrevista –ocultos tras gafas de sol y máscaras– en la que denunciaba que sus jefes les habían ordenado matar, secuestrar o incriminar a destacados políticos y empresarios. La reacción de Putin no se hizo esperar. Cerró la división de espías de Litvinenko y le prohibió salir del país. Sin embargo, en octubre de 2000, Aleksandr y su familia desafiaron la orden y escaparon del país. Consiguió asilo político en el Reino Unido y declaró que lo acogieron por razones humanitarias, pero el servicio británico de inteligencia exterior, el MI6, probablemente estuviera encantado de contar con la cercanía de una fuente de información tan autorizada.

Una reunión fatal

Acertamos. Al poco de su llegada, Litvinenko se convirtió en periodista de una agencia de noticias chechena. Pero, a la par, cobraba del MI6 un sueldo mensual por sus atenciones como informante. Como –también– era de esperar, Aleksandr estaba en el punto de mira de sus antiguos compañeros del FSB, algo de lo que él mismo era consciente. Sin embargo, no contaba con escolta. Para él, su manera de sentirse más arropado era estar en continuo contacto con los medios, recibir periodistas, estar bien acompañado. Una de aquellas reuniones le costó la vida, de manera un tanto enrevesada.

EL POLONIO-210

Fueron Marie y Pierre Curie quienes descubrieron la existencia de este elemento y lo bautizaron con el nombre del país de origen de Marie. Aparece de forma natural en muy bajas concentraciones en la corteza terrestre. Nuestro cuerpo tiene una pequeña cantidad de polonio-210, pero, como nos enseñó Paracelso, el veneno está en la dosis. En proporciones superiores a las normales, causa graves daños en los tejidos y los órganos y puede llegar a ser mortal.

No es un compuesto que se pueda conseguir o sintetizar de manera fácil. Reunir la cantidad necesaria para matar a alguien requiere de una sofisticada infraestructura de laboratorio y el acceso a un reactor nuclear, que solo operan bajo la administración y vigilancia de un Estado. La producción de polonio-210 se interrumpió en la mayoría de los países a finales de la década de 2000. Solo Rusia lo sigue generando de manera legal. Este fue uno de los indicios en los que la justicia británica vio la mano del estado ruso tras el asesinato de Litvinenko.

El primer día de noviembre de 2006, Litvinenko había quedado con dos antiguos colegas de la inteligencia rusa, a los que consideraba amigos, o, al menos, de ese tipo de amigos con los que hacer buenos negocios. Un fresco día de otoño en Londres, tomó un té verde en un hotel de Mayfair, en pleno corazón diplomático de la ciudad, junto con Andréi Lugovói y Dmitri Kovtun. A plena luz del día, en un lugar público, nada –pensaría– habría de temer.

Horas después, ya en su casa, Aleksandr comenzó a vomitar y a sufrir una intensa diarrea. No podía sostenerse en pie y el dolor se extendía por su cuerpo. Pidió a su esposa que llamase a una ambulancia. El 3 de noviembre ingresó, gravemente enfermo, en un hospital. No volvería a salir.

El polonio

Litvinenko mostraba signos de envenenamiento radiactivo. Se le había caído el pelo. Pero cuando los doctores lo sometieron a un contador Geiger –que mide la radiación– los resultados fueron negativos. ¿Qué podía estar pasando, entonces? El antiguo miembro del KGB estaba grave –y sospechosamente– enfermo. Pero nadie encontraba la causa de aquella decrepitud sobrevenida. Él mismo apuntó a que siguieran el rastro de aquellos dos excompañeros suyos.

Los órganos vitales de Litvinenko comenzaron a colapsar en cadena. Primero fue su hígado, luego los riñones y el corazón. Los médicos que lo atendían se sentían en una carrera en la que iban siempre en desventaja, en la que trataban de descubrir la causa antes de que un siguiente órgano resultase afectado. A medida que pasaban los días, Litvinenko acabó por revelar su pasado como espía a las autoridades del hospital.

Aunque tras 18 días en el hospital, el porqué de su enfermedad seguía sin resolverse, esa revelación sirvió para atar cabos. Se decidió enviar una muestra de orina y una de sangre a un secretísimo centro de desarrollo nuclear. Un científico que había formado parte del primer equipo que fabricó la bomba atómica británica determinó que esa radiación invisible –pero que, sin duda, tenía que existir– debía venir del polonio-210, un compuesto raro y extremadamente letal más allá de las mínimas dosis naturales. Fueron ellos los que observaron que los contadores Geiger –los más habituales para medir radiaciones ionizantes– eran ineficaces para medir la radiación del polonio-210. Con otros medios, sin embargo, se pudo constatar la presencia de aquel compuesto en una dosis 200 veces superior a la letal.

La huella del crimen atómico

Una vez descubierto el veneno quedaba por descubrir quién lo había administrado. Litvinenko –que poco a poco se hundía en la agonía– estaba seguro de la autoría rusa. Pero aquella misma mañana del 1 de noviembre también se había reunido con otro hombre, un italiano. La cantidad de polonio-210 que había recibido Litvinenko era tan grande que resultaría fácil seguir su huella: la radiación perdura durante largo tiempo sobre aquellos materiales que se han visto expuestos. La mesa en la que se reunieron el ruso y el transalpino estaba libre de huellas radiactivas. Sin embargo, en el hotel de Mayfair se halló una tetera altamente contaminada. Los pomos de las puertas del baño y los secamanos que utilizaron Lugovói y Kovtun, también.

Se siguió la huella del polonio en el metro de Londres, en trenes y

El polonio genera síntomas que no inducen a pensar en la acción de un veneno durante días, lo que da tiempo al perpetrador para escapar.

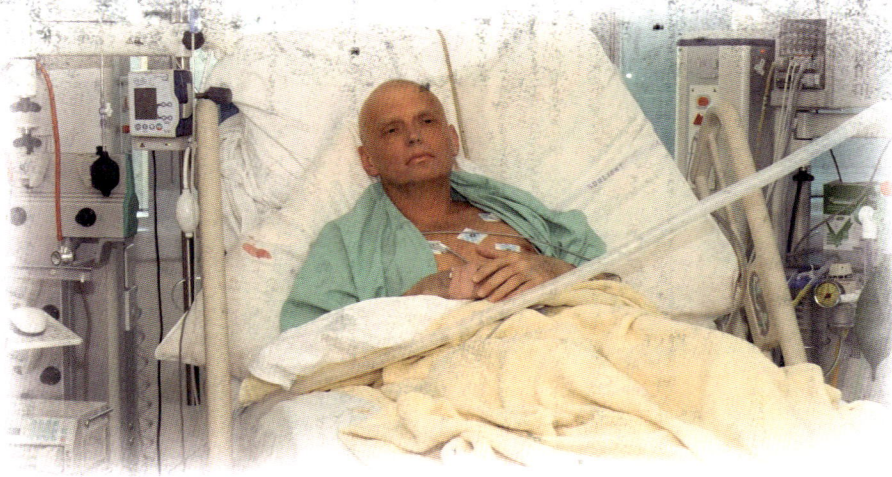

Unos días antes de su muerte, Litvinenko permitió a los medios que lo fotografiasen, con el objetivo de que «el mundo sepa lo que me han hecho».

estaciones. Aquella información se mantuvo en secreto para evitar el pánico entre la población. Ya no se trataba de un atentado contra un ciudadano británico –como era Litvinenko–, sino de un delito contra la salud pública. Cuando se trazaron los movimientos de los dos rusos y se contrastaron con los lugares donde se había hallado polonio –fuera y dentro del Reino Unido–, la coincidencia fue exacta.

En cualquier caso, cuando se determinó que el polonio-210 hacía estragos en las células de Litvinenko, el tiempo se había detenido para él. Quizá lo hubiera sido desde el principio, tal resulta la toxicidad del elemento. Era, además, la primera vez que se documentaba un envenenamiento por ese medio. Consciente de su situación, llegó a realizar una última declaración acusando a Vladimir Putin:

> «Usted ha demostrado ser tan bárbaro y despiadado como afirman sus críticos más hostiles. (...) Puede que usted logre silenciar a un hombre, pero el aullido de protesta de todo el mundo resonará, señor Putin, en sus oídos por el resto de su vida».

Las autoridades rusas, sin embargo, declararon que todo aquello constituía una burda manipulación «espectacular» para denostar la figura de su presidente. La *enésima*, en realidad.

En 2016, una investigación pública del Reino Unido encontró que Lugovói y Kovtun habían envenenado a Litvinenko.

LIBROS Y PELÍCULAS

JUAN BORGIA

La familia de los Borjas (1999), de Miguel Batllori.

Los Borgia (2011-2013). Serie de TV.

CHRISTOPHER MARLOWE

The Reckoning: The Murder of Christopher Marlowe (1992), de Charles
  Nicholl.

Shakespeare enamorado (1998), dirigida por John Madden.

Solo los amantes sobreviven (2013), dirigida por Jim Jarmusch.

KASPAR HAUSER

El enigma de Kaspar Hauser (1974), dirigida por Werner Herzog.

El quinto evangelio de Caspar Hauser (2013), dirigida por Alberto Gracia.

Kaspar Hauser o la indolencia del corazón (1908), de Jakob Wassermann.

RYOMA SAKAMOTO

¿Quién mató a Ryoma? Resolviendo el mayor misterio al final del período Edo
  (2009), de Tsukasa Aikawa.

JUAN PRIM

Prim (1906), de Benito Pérez Galdós.

Los asesinos del general Prim (1960), de Antonio Pedrol Rius.

Prim, el asesinato de la calle del Turco (2014). Telefilme.

BILLY EL NIÑO

El bandido adolescente (1965), de Ramón J. Sender.

El asesino desinteresado Bill Harrigan (1935). Cuento de Jorge Luis Borges.

El zurdo (1958), dirigida por Arthur Penn.

Pat Garrett y Billy the Kid (1974), dirigida por Sam Peckinpah.

RASPUTÍN

Mi padre (1934), de María Rasputín. 📖
Rasputín (1996). Serie de TV. 📺
Hellboy (1993-actualidad). Cómic de Mike Mignola. 📖

LA FAMILIA ROMANOV

Los Romanov: capítulo final (2012), de Robert K. Massie. 📖
Anastasia (1956), dirigida por Anatole Litvak. 🎞
Nicolás y Alejandra (1971), dirigida por Franklin J. Schaffner. 🎞

VIRGINIA RAPPE

I, Fatty: A Novel (2004), de Jerry Stahl. 📖
Devil's Garden (2009), de Ace Atkins. 📖
Fatty en el garaje (1920), dirigida por Roscoe Arbuckle. 🎞

MICHAEL COLLINS

Michael Collins: día de ira (1999), de Juan Antonio de Blas. 📖
Adorable enemiga (1936), dirigida por H. C. Potter. 🎞
Michael Collins (1996), dirigida por Neil Jordan. 🎞

PANCHO VILLA

Pancho Villa (2007), de Friedrich Katz. 📖
Pancho Villa: una biografía narrativa (2006), de Francisco Ignacio Taibo. 📖
Presentando a Pancho Villa (2003), dirigida por Bruce Beresford. 📺
Pancho Villa, La Revolución no ha terminado (2007), dirigida por Francesco
   Taboada Tabone. 🎞

OTTAVIO BOTTECCHIA

Ottavio Bottecchia (1992), de Elio Bartolini. 📖
Il Corno di Orlando. Vita, Morte e Misteri di Ottavio Bottecchia (2017), de
   Claudio Gregori. 📖
Bottecchia, l'ultima pedalata (2008), de Gloria De Antoni. 🎞

LA MATANZA DEL DÍA DE SAN VALENTÍN

The St. Valentine's Day Massacre (1967), dirigida por Roger Corman. 🎞
Capone (1975), dirigida por Steve Carver. 📺
The Making of the Mob: Chicago (2016), serie de TV. 📺

SERGUÉI KÍROV

The Kirov Murder and Soviet History (2010), de Matthew E. Lenoe. 📖
Sobre el asesinato de Kírov (1934), artículo de León Trotski. 📖

LA DALIA NEGRA

La Dalia Negra (1987), de James Ellroy. 📖
La Dalia Negra (2006), dirigida por Brian de Palma. 🎞

BUGSY SIEGEL

The Mafia Encyclopedia (2005), de Carl Sifakis. 📖
Bugsy (1991), dirigida por Barry Levinson. 🎞
Mobsters (1991), dirigida por Michael Karbelnikoff. 🎞

JOHN F. KENNEDY

Los Kennedy (2004), de Peter Collier y David Horowitz. 📖
Una vida inacabada: John F. Kennedy, 1917-1963 (2003), de Robert Dallek. 📖
Acción ejecutiva (1973), dirigida por David Miller. 🎞
JFK (1991), dirigida por Oliver Stone. 🎞

MEHDI BEN BARKA

L'Affaire Ben Barka (1991), de Bernard Violet. 📖
El atentado (1972), dirigida por Yves Boisset. 🎞
El caso Ben Barka (2005), dirigida por Serge Le Péron. 🎞

MARTIN LUTHER KING

King: una biografía de Martin Luther King (2022), de Ho Che Anderson. 📖
Freedom on My Mind (1994), dirigida por Connie Field y Marilyn Mulford. 🎞
Selma (2014), dirigida por Ava DuVernay. 🎞

PIER PAOLO PASOLINI

El caso Pasolini. Crónica de un asesinato (2005), de Gianluca Maconi. 📖
Pasolini, un delito italiano (1995), dirigida por Marco Tullio Giordana. 🎞

JIMMY HOFFA

Jimmy Hoffa: caso cerrado (2014), de Charles Brandt. 📖
Hoffa (1992), dirigida por Danny de Vito. 🎞
El irlandés (2019), dirigida por Martin Scorsese. 🎞

JOACHIM PEIPER

Joachim Peiper: A Biography of Himmler's SS Commander (2007), de Jens Westemeier. 📖

The Malmedy Massacre: The War Crimes Trial Controversy (2017), de Steven P. Remy. 📖

NATALIE WOOD

Natalie Wood: A Life (2005), de Gavil Lambert. 📖

El misterio de Natalie Wood (2004). Telefilme. 📺

DIAN FOSSEY

Gorilas en la niebla (1983), de Dian Fossey. 📖

Gorilas en la niebla (1988), dirigida por Michael Apted. 🎞

OLOF PALME

¿Pero quién mató a Olof Palme?: Primera biografía en clave hispana del líder sueco asesinado (2009), de Ramón Miratvillas. 📖

Palme (2012), de Kristina Lindström y Maud Nycander. 🎞

NICOLE BROWN

Without a Doubt (1997), de Marcia Clark y Teresa Carpenter. 📖

American Crime Story: The People v. O.J. Simpson (2016). Telefilme. 📺

BENAZHIR BHUTTO

Hija del destino (1989), de Benazhir Bhutto. 📖

Bhutto (2010), dirigida por Duane Baughman y Johnny O'Hara. 🎞

ALBERTO NISMAN

Suicidado: El asesinato del fiscal Alberto Nisman (2015), de G. M. Bracesco. 📖

Operación Pajarito (2021), de Carlos Gurovich. 📖

El fiscal, la presidenta y el espía (2019). Serie de TV. 📺

ALEKSANDR LITVINENKO

Rusia dinamitada. Tramas secretas y terrorismo de estado (2007), de Aleksandr Litvinenko y Yuri Felshtinski. 📖

El caso Litvinenko (2007), de Andrey Nekrasov. 🎞

Litvinenko (2022). Miniserie de TV. 📺

ÍNDICE

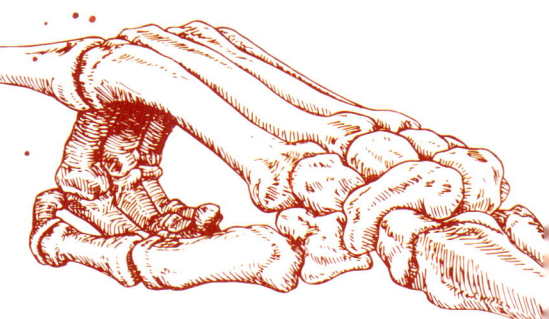

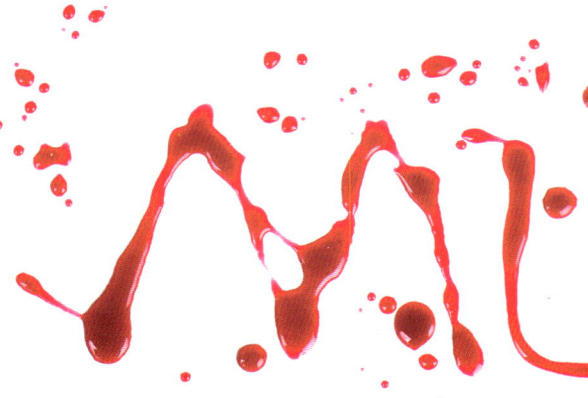

CRÉDITOS FOTOGRÁFICOS